耕耘岁月

一个东莞农民的创业之路

王晓强 著

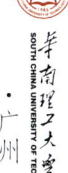

华南理工大学出版社

·广州·

图书在版编目（CIP）数据

耕耘岁月：一个东莞农民的创业之路/王晓强著. —广州：华南理工大学出版社，2022.5

ISBN 978-7-5623-7005-5

Ⅰ. ①耕… Ⅱ. ①王… Ⅲ. ①林干能–传记 Ⅳ. ① K825.38

中国版本图书馆 CIP 数据核字（2022）第 043416 号

GENGYUN SUIYUE： YI GE DONGGUAN NONGMIN DE CHUANGYE ZHI LU
耕耘岁月：一个东莞农民的创业之路
王晓强　著

出 版 人：柯　宁
出版发行：华南理工大学出版社
　　　　　（广州五山华南理工大学 17 号楼，邮编 510640）
　　　　　http://hg.cb.scut.edu.cn　E-mail：scutc13@scut.edu.cn
　　　　　营销部电话：020-87113487　87111048（传真）

策划编辑：卢家明　庄　严
责任编辑：李秋云
责任校对：梁樱雯
印 刷 者：广州市新怡印务股份有限公司
开　　本：787mm×1092mm　1/16　印张：15　字数：208 千
版　　次：2022 年 5 月第 1 版　2022 年 5 月第 1 次印刷
定　　价：98.00 元

版权所有　盗版必究　　印装差错　负责调换

一个农民见证一个伟大时代

干·要脚踏实地

能·要对社会有贡献

——林干能

序言

温宪元

当前,我国正处于实施"十四五"规划的关键之年,全国经济发展进入了一个新阶段。我长期从事社会科学研究,对国家的经济、社会、文化发展历程,尤其是对改革开放以来广东沿海经济建设与城市发展的情况格外关注,对其中涌现出来的人和事尤感兴趣。

1978年,十一届三中全会作出了把党和国家的工作中心转移到经济建设上来、实行改革开放的战略决策,开启了我国改革开放的历史进程。1979年,在邓小平"杀出一条血路来"指示的支持下,广东的同志提出创办经济特区。1980年8月,深圳经济特区成立。此后,我国走上了经济快速发展的道路,社会主义现代化建设进入了一个全新的时期。在40多年的发展历程中,东莞紧临深圳经济特区,得临港、临穗、临深之地理便利,汲取务实进取、敢为人先之时代精神,紧随中央步伐,在经济建设和社会发展上交出了一份喜人的答卷,发展成为一座备受世人瞩目的城市。东莞从"三来一补"起步发展经济,逐步引进境外资金、技术、设备和人力,实现了由传统农业社会向现代工业社会的跨越,走出了一条具有鲜明特色的外向型工业化发展之路。早在1980年代中期,东莞就取得了生产总值达15.96亿元的成绩,成为改革开放初期经济建设的佼佼者。进入21世纪以来,东莞更是积极优化产业结构、布局战略性新兴产业,形成了信息技术、高端装备制造、新材料、新能源、生物医药、集成电路、数字经济等新兴产业集群蓬勃发展的良好局面。2021年,东莞GDP冲破万亿大关,达

耕耘岁月
一个东莞农民的创业之路

10855.35亿元。可以说,东莞是广东经济建设的排头兵,也是我国改革开放经济建设和社会发展的一个缩影。

历史是由人民群众创造的,人民群众始终是改革开放的实践者、推动者、参与者。在东莞经济建设的过程中,东莞社会各条战线上涌现出了许多杰出的人物,而企业家是其中一支不可或缺的力量。东莞的民营经济非常发达,目前有各类大中小民营企业超100万户,民营经济生产总值占据东莞全市生产总值的半壁江山。这些企业家中,既有来自五湖四海的创业者,也有东莞本地土生土长成长起来的东莞人,林干能便是后者中颇为突出的一个代表。

说起来,林干能仅比我年长五六岁,我们可谓是在相同历史时代中成长起来的一代人。翻阅资料,了解他的成长印迹,我倍感亲切和熟悉。作为生于斯、长于斯的东莞当代企业家,他的身上具有典型的珠三角人民开拓进取、厚德务实的精神烙印。

林干能出身于农民,和那时候的很多少年一样,他作为家中的长子,目睹父辈养家糊口的艰辛,少年时代便早早辍学进入社会,希冀用自己瘦弱的肩膀为长辈分担一分家庭的重担。他很早就进入生产队挣工分,是真真正正在田地里劳作、挥洒过辛勤汗水的一代人。林干能的祖辈和父辈为人正直、无私,书中提到了一个细节,他的祖父作为村中粮仓的守仓人,却在饥荒中失去生命,在生命的最后一刻也恪守守粮的重任,这种为公的精神令人敬佩。林干能深受先辈优秀品德的影响,在他后来发展事业的历程中,他吃苦、正直、务实,不轻言放弃,这些都是其先辈言传身教留下来的宝贵品质,也是东莞这片土地上敦朴务实民风的一个缩影。

林干能从组建建筑工程队、承接房屋建造工程起家,后来逐步扩大规模,建立起了自己的建筑公司。之后以此为基本营,先后涉足家具制造、酒店、会展等行业,在每一次拓展中,他敏锐地把握住了时代发展洪流中所蕴含的机遇，他那务实敦朴、敏锐稳健的作风最终助他成就了一番事业。这既是林干能自身成长的特点，可以说也是东莞这座城市发展经济过程中所呈现出来的独特气质。

在建立了自己的实业集团后，林干能不忘反哺家乡，他捐资助学，热心公益。他肩负起了企业家的社会责任，加入到了东莞对口扶贫韶关翁源县的队伍之中，秉承务实、稳健的一贯作风，为国家的扶贫工作助力，为新时代社会主义的经济建设奋斗。

在东莞乃至广东经济建设的浪潮中，有很多像林干能这样的人。他们是时代发展的弄潮儿，也是经济腾飞的见证人。了解他们的成长足迹，可以管中窥豹、以小见大洞见国家的发展和社会的进步。期待这本传记可以起到抛砖引玉之功能，吸引更多的人关注改革开放、关注经济发展，从而激励人们投身于国家全面建设社会主义现代化、进军第二个百年奋斗目标的新征程！

（作者系广东省社会科学院原党组成员、副院长，二级研究员，享受国务院特殊津贴专家，国家社会科学基金项目首席专家）

前言

从地图上看东莞厚街，北连南城，南邻虎门，东倚大岭山，西南毗连沙田，西北与道滘、洪梅隔河相望，126平方千米的土地东部是丘陵、西南连海滨，曾是典型的河涌纵横、田园平整的珠三角鱼米之乡。

相传厚街之名源于北宋。宋徽宗宣和年间（1119—1125年），福建莆田王泰宦游至此定居，因选址"军铺"（随军眷属的圩场）后面而名"后街"。此后历代人口繁衍、百业俱兴、人才辈出，又因民风淳厚善良，人民生活丰厚富足，此地遂更名"厚街"，至今厚街历史已逾800年。厚街历代人口繁衍，农、工、商、学俱兴，人才辈出。明清两代曾出进士9人、举人37人。近现代以来，厚街更是英才辈出，有抗日战争时期任东江纵队副司令员兼参谋长、解放战争时期任两广纵队副司令、后任广东省第五届人大常委会副主任的王作尧，解放战争时期任粤赣湘边纵队第一支队政委、后任国务院港澳办公室副主任的王鲁明等杰出人物。

厚街毗邻香港，有华侨和港澳台同胞超过4万人。改革开放后，厚街解放思想，大力招商引资。当时正值港台劳动密集型产业转移，许多港台家具企业急欲寻求合适的地方设立新的生产基地。厚街抓住机会，积极承接港台的家具制造，经过十几年的耕耘，至21世纪初发展形成一定的规模，被新华社称为"东方家具之都"。为将厚街家具推向国内和国际市场，1999年厚街举办了首届名家具（东莞）展览会，2002年兴建了拥有亚洲单体面积最大展馆的广东现代国际展览中心，大力发展会展业，2007年被评为"中国会展名镇"。如今，一年举办两届的"国际名家具展"集中展示了内地和港台八成以上的知名家具品牌，被称为亚洲最大规模、中国第一品牌的家具展。家具业、会展业等产业的发展，带动了厚街酒店业和

耕耘岁月
一个东莞农民的创业之路

商贸业的繁荣。在酒店业发展的鼎盛时期,厚街镇区中心矗立着4家五星级酒店、3家四星级酒店和2家三星级酒店。

厚街的双岗村正是厚街家具制造业的滥觞之地。

双岗地处厚街西北面,距离镇中心区2.5千米,面积约4平方千米,包括上环、中环、下环与官美厦四个自然村。双岗明朝即立村,主要有林、陈、李、詹、万、方等姓氏。相传此处周围原是大海,后成荒滩,中有两座小山岗分别名为"鹰管山"和"螺仔山",故名双岗。双岗人在此繁衍生息,世代耕耘,绵延不断。

时代的脚步走到了20世纪80年代。随着社会的发展,双岗搭乘着历史的巨轮,追随国家大力推进社会主义建设的洪流,驶进了一个加快现代化发展的崭新时代。1986年初,港商万沛洪回到双岗创办第一间家具厂,由此拉开了双岗家具业发展的序幕。初时双岗家具销售以摆摊设点、销往广东各地为主,成为远近闻名的家具村。20世纪80年代后期,双岗开始承接港台转移的大中型家具企业,至1995年双岗村1800户人家中开家具厂的足有200户,全村从事家具相关行业的占半数以上。1995年建成全长5千米、横穿双岗的"家具大道",双岗成为珠江三角洲家具及其机械制造、材料、配件等的大型集散地。以家具大道一带为核心的厚街家具市场集群被广东省政府认定为"广东家具国际采购中心",每年举办数十场大中型产业及商贸会展的广东现代国际展览中心就位于家具大道1号。

广东华源企业集团有限公司董事长、嘉华酒店创始人、广东现代国际展览中心控股人林干能正是厚街镇双岗村人。

林干能,人称干叔,出生于中华人民共和国成立之年——1949年,是切切实实生长于红旗下的第一代人,可谓与共和国共成长。初见林干能是在厚街嘉华大酒店中餐厅的一间包房里,这里的装修和陈设显示出时间的沉淀,只有琉璃的门柄透露出隐隐的奢华。坐在圆桌旁的林干能面色微

前 言

黑,体型微胖,身着一件紫色T恤,姿态随意,是极为平常普通的厚街本地阿叔的模样。之前虽已查阅过他的相关资料,对他行事低调务实的个性有所了解,但乍一看他本人,仍然无法想象这是旗下拥有酒店、建筑、会展、家具等多个产业的广东华源企业集团董事长。

在与林干能交流时,我们发现,这位自称农民、外形普通的厚街老板思维极为敏捷,当他眼睛平稳地注视我们并迅速应答时,立刻可以感觉到他的与众不同。林干能说话时声音洪亮、语调铿锵,语速不紧不慢,一问一答几乎都是不假思索、从容应答,且思路清晰、表述清楚。

通过林干能爽朗的谈笑、连贯的回忆,我们可以清晰地看到一位出生在中国沿海农村的普通农民企业家成长的轨迹。林干能少年时期经历了中国社会主义道路探索阶段的各种运动,青年时期真切地感受过经济落后和社会动荡造成的艰难和困苦,三十而立以后他则亲历和见证了1978年中国改革开放后的每一个探索的脚印,切身投入到广东沿海城市改革发展的大潮中,紧跟时代、顺势而为,开创出涵盖建筑业、酒店业、展览商贸业、物业租赁、玻璃深加工业、文化体育业等的多元事业版图。

说到早年创业时的经历,林干能言辞之间充满了感情。他对自己农民出身以及曾做泥水工和包工头的过往毫不回避,甚至因为属牛,常自诩为田间的一头耕牛。他在厚街一座山上保留了一片荔枝果菜园,园子里常年种着菜蔬,还有一方一亩大小的池塘,养着各类食用淡水鱼。日常只要有空,他都会穿着裤衩、趿着拖鞋跑到荔枝园里种菜,又或者摇着小木船去池塘里喂鱼、捞鱼。他还喜欢在荔枝园招待朋友,亲手摘菜、捞鱼,甚至连火锅煮菜都亲力亲为。在厚街嘉华大酒店大堂的一角,特别以他四十年前创业初期曾用过的锄头为设计元素雕琢了一处艺术景观。

在说到当下和未来集团事业的发展规划时,年过七十却依然精神矍铄的林干能表示:"我是农民出身,不喜欢说大话,做任何事都不会急功近利,而是稳中求进,保持好生存空间。每一件事都不求快速发展,譬如酒店行业就不是赚快钱的行业,要平稳发展、安全发展,在经营的过程中要不断调整经营思路,与时俱进,否则不进则退。随着旅游度假业的兴起,如今华源企业集团旗下的酒店业已经全面升级转型。走出东莞、进驻粤东、走向粤北,深耕南粤是当下嘉华酒店集团的发展方向。一件事要么不做,要做就尽量做好,就像厚街人一向讲的那样:追求卓越,永不言败!

在撰写本书的过程中,笔者常常为林干能以及他这一代与共和国共成长的人的奋斗与执着而唏嘘感慨。在他们身上,我们看到的不仅是个人成长创业的经历,还可窥见珠江三角洲及广东沿海地区经济发展的历程,甚至还可以找到中华人民共和国成立和发展过程中的各种印记。不同的时代赋予不同的人一定的时代特征,这在林干能这一代人中表现得更加鲜明。他们的命运与国家和时代休戚与共,他们追随共和国的脚步,共同经历从农业到工业、从封闭到开放、从无到有、从弱小到强大的艰辛曲折的垦荒过程,他们身上所带有的勤劳、务实、开拓精神,不仅是个人特有的,也是国家和时代赋予的。正如林干能说自己属牛,属于他们的时代的确是历经艰苦、迂回曲折的耕耘时代。

本书的写作按时间顺序,分"初生牛犊""勤勉少年""成家立业""深圳岁月""耕耘南粤""老骥伏枥"六个篇章,记叙了林干能作为一个广东沿海的普通农民,在中华人民共和国破浪前行的时代巨轮中出生、成长、创业以及发展成为地方知名企业家的人生历程。本书重点讲述他投身改革开放大潮,从建筑业白手起家开辟广东华源企业集团的创业经历,呈现"一个农民见证一个伟大时代"的主旨。同时也力图通过记录一个农民企业家的人生经历和精神特质,反映中华人民共和国成立后第一代民营企业家的成长和创业之路,呈现改革开放后深圳、东莞等广东沿海地区经济从封闭到开放、从弱小到强大的艰辛曲折而又精彩辉煌的发展历程。

目录

初生牛犊   001

与共和国同龄   002
双岗大队的革命故事   006
守粮仓的祖父营养不良   010
一心为公的父亲   015
双岗小学的童年时光   019

勤勉少年   023

生产队多了一个劳动力   024
农闲时学了门手艺   027
干点别的补贴家用   029
大队成立服务站   032

耕耘岁月
一个东莞农民的创业之路

成家立业　　　　　　　　　035

林家的顶梁柱　　　　　　　036
倔强而有骨气地生存　　　　039
受伤不耽误接活　　　　　　041
决定留在家乡　　　　　　　044
转折性的1978年　　　　　　047
时机来了　　　　　　　　　050

深圳岁月　　　　　　　　　053

想办法去深圳　　　　　　　054
小工程大挑战　　　　　　　057
首战告捷　　　　　　　　　062
东莞仔技术不错　　　　　　066
梦想拥有一台17寸的黑白电视机　　073
试着合伙搞运输　　　　　　077
是时候给家里建栋房子了　　081
不适合开拖拉机　　　　　　085
遇到大老板　　　　　　　　090
大难不死　　　　　　　　　094

目 录

耕耘南粤 097

干好建筑老本行 098
- 赶上好时候 098
- 第一施工队 104
- 做大做强 109

搭上家具制造的顺风车 114
- "不管哪里下单,都在东莞制造" 114
- 身处东方家具之都 116
- 不仅为了家族传承 123

打好会展这张牌 125
- 水到渠成的"中国会展名镇" 125
- 民营企业办会展 131
- 就算亏钱也值得 136

树立嘉华酒店品牌 144
- 嘉华的来历 144
- 嘉华之声 153
- 商贸、度假一体化 168

耕耘岁月
一个东莞农民的创业之路

老骥伏枥   175

品牌之路   176
    从"第一施工队"到广东华源企业集团   176
    从嘉华大酒店到嘉华酒店产业集群   178
    从广东现代国际展览中心到世博园   187

华源公益   196
    我们是华源人   196
    暖冬行动   202
    回馈社会,授人以渔   203

顺势而为   208

参考文献   212
附录   215
后记   216

初生牛犊

CHUSHENG NIUDU

与共和国同龄

双岗大队的革命故事

守粮仓的祖父营养不良

一心为公的父亲

双岗小学的童年时光

与共和国同龄

1949年12月，林干能出生于双岗大队上环村。

1949年注定是不平凡的一年。这一年，神州大地经历了开天辟地的大变革。1月，平津战役结束，北平和平解放；4月，国共谈判失败，解放军百万雄师横渡长江；6月，中国共产党抽调大批干部前往南方接管城市；10月1日，中华人民共和国正式宣告成立，中国历史由此开启全新纪元。

与此同时，叶剑英和陈赓联名签发了《广州外围作战命令》，下达了迅速解放全广东的任务；10月2日，广东战役打响。中国人民解放军第四野战军第四兵团、第十五兵团和两广纵队、粤赣湘边纵队、粤中纵队等分三路从南北分别向广州进军。第四兵团的三个军沿粤汉铁路两侧南下，占领韶关，直取广州；第十五兵团的两个军经翁源、从化等地南下，形成对广州的钳形合围；两广纵队组织广东地方部队由和平、龙川等地东进东莞地区，切断敌人南逃退路。10月14日，广州解放。

广州解放同一日，石龙解放。10月15日，东江第一支队第三团在厚街民兵的配合下，占领国民党东莞县警驻厚街中队部及厚街乡公所、警察所。17日中午，东江第一支队第三团经莞樟路从寮步圩开进莞城，接管国民党县政府以及5个区、3个市镇，接受国民党县警第三大队残余队伍投降。当天，东莞县军事管制委员会成立，贴出第一号布告，宣告东莞解放[1]。随即，中共东莞县委、县人民政府机关从大岭山迁到莞城。17日下

---

[1] 中共东莞市委党史研究室.中国共产党东莞历史大事记(1921—2021)[M].广州：暨南大学出版社，2021：82-83.

初生牛犊

▲ 东莞县各界庆祝中华人民共和国诞生暨全县解放大会

午，粤赣湘边纵队主力开到厚街，厚街宣告解放，紧接着在厚街乡设竹溪联乡办事处，隶属六区公所①。10月18日，东莞出版《战斗日报》，头版头条的新闻标题是"东莞全县解放，人民热烈迎军"。

11月2日，东莞各界召开群众大会，隆重庆祝中华人民共和国诞生和东莞全境解放，两万多人参加盛会。会后，三四千米长的游行队伍开始巡游，沿途群众人山人海，盛况空前。

12月12日林干能的出生对于双岗大队上环村林芝伦一家来讲，无疑是双喜临门。林家喜添丁，新生命降生于新纪元，未来无限可期。

林氏一脉，相传源于轩辕帝第三十三世比干之子坚公。历史上比干因直言进谏商纣王而被剖心处死，当时比干夫人陈氏（妫氏）已怀身孕，为

---

① 《东莞市厚街镇志》编纂委员会. 东莞市厚街镇志［M］. 广州：广东人民出版社，2015：23.

耕耘岁月
一个东莞农民的创业之路

躲避迫害逃至牧野（今河南淇县、卫辉一带）长林石室中，随后生下一男，取名为泉。周武王灭纣后，派人寻回比干之子泉。因泉生于长林石室，故赐姓林，改名坚。自此，林姓后裔尊林坚为受姓始祖，尊比干为太始祖。

东莞林氏始祖为西晋福建林禄公。为避战乱，禄公后裔几经辗转落籍东莞，分布到21个镇区50多个村落，至今东莞林姓子孙已达数万人。据《东莞林氏大族谱》记载，最早迁入东莞的林氏应是茶山镇的林乔公。林乔公为南宋嘉定十年（1217年）进士，绍定六年（1233年）升奉仪大夫，派任广州路别驾，致仕后定居东莞茶山，现茶山下步、石排石井、高埗冼沙、中堂大坦的林氏均为其后裔。厚街双岗上环村始祖昌可公则是番禺穗

▲ 厚街双岗上环村林氏宗祠

石祖怡公后裔，明洪武初年（1368年）从穗石迁至厚街双岗。随后双岗下环村、中环村始祖遇先公也于明朝初年先后从揭阳迁至厚街。

　　林干能出生地双岗上环的林姓始祖为昌可公，属闽林系"唐九牧"六房蕴公后裔，元末明初从番禺穗石迁居上环。林干能为昌可公五房华岗公第二十一世孙。史载林蕴公秉性耿直，常效法太始祖比干铮言直谏，人称"忠烈林蕴"。

　　东莞林氏历代人才辈出。尤其在抗日战争时期，厚街林氏子孙为了民族解放，纷纷加入司令部设于大岭山的广东东江纵队，许多林氏村庄成为革命根据地。据统计，抗日战争时期，厚街共有40多名林氏子孙壮烈牺牲，其中仅双岗下环村就有22人。先烈们抛头颅、洒热血换来1949年中华民族独立于世界之林，这对于双岗林氏一脉来说，既是祖先夙愿达成，也是后辈继承和发扬祖辈精神的开始。

双岗大队的革命故事

1949年前的双岗大队名为双岗乡，由于读书人较多，人们普遍重视教育，文化较别的乡村发达。双岗青年学生文化素质较高，对国家大事十分关心，也更容易受进步思想影响。面对当时执政政府种种丧权辱国、腐败无能的行为，目睹国家和民族屡次陷于危急存亡关头，双岗儿女纷纷挺身而出参加革命，奔赴国难，双岗因而成为远近闻名的英雄乡。

双岗乡处于东江和珠江交界的水网出口地带，潮水涨退，河滩宽广，水网周围环绕着一望无际的碧绿水草田。这种水草因生长在咸淡水交界处，俗称"咸草"，当地人叫"扁草"或"三丫草"，东莞县志中统称其为"莞草"。莞草茎高且柔韧，晒干后适于编织草席、草袋等草制品，自宋以来编织草制品便是厚街竹溪一带村民的一项传统手工业，近代时更是发展成为出口产业。20世纪二三十年代，双岗、涌口先后设立草圩，洋行买办在双岗草圩专设办事处收购莞草。当时，厚街、三屯、宝屯、双岗、涌口等有水草田达12000多亩，莞草及草制品被大量销往日本和我国香港、广州、汕头、河源等地区。抗日战争爆发后，战祸连绵，水草和草制品都没了销路，民不聊生。这万亩水草兀自生长，无人收割，因茂密的水草田具有良好的隐蔽性，便成了抗日游击队活动的理想场所。

1938年10月，日本从大亚湾登陆侵略广东。中共东莞县委成立了"东莞抗日模范壮丁队"，由厚街西元人王作尧任队长。这是广东省第一支由中国共产党直接领导的人民抗日武装，成立时队员仅100多人，大多是工人和青年学生，其中厚街籍队员多达数十人，双岗林氏家族中林淦、林冲等也加入了模范壮丁队。其时壮丁队装备十分简陋，仅领到30多条枪。但队员们不怕牺牲，在队长王作尧的带领下毅然开赴抗日前线，与部分留驻的国民党军队一起抗击日寇，历时一个多月，多次击退渡江进犯莞城的日军，极大地鼓舞了东莞人民的抗日热情。这次抗击是共产党在广东组织领导的人民抗日武装对入侵日军的一次较早的有组织的抵抗，也是东莞地区国共两党首次合作抗战的典范。

1939年王作尧率壮丁队一部汇合各地的抗日武装，在东莞清溪苦草洞整编为东宝惠边人民抗日游击大队，同年4月改编为第四战区第四游击纵队直辖第二游击大队，王作尧任大队长。1940年，中共前东特委会将东江人民抗日武装改编成广东人民抗日游击队，由曾生任大队长的第三大队挺进东莞大岭山区，开辟了大岭山抗日根据地。厚街、双岗、桥头等乡大批青年纷纷加入第三大队，在中国共产党领导下开展艰苦卓绝的抗日游击战争。

▲抗日游击队军政训练班旧址所在地——双岗咸草田

1942—1943年，广东人民抗日游击总队利用双岗村水草田的草寮先后举办了军政干部培训班、干部整风学习班、保卫干部

▲东江纵队机关报《前进报》报社旧址——双岗官美厦草寮

耕耘岁月
一个东莞农民的创业之路

训练班等。在双岗村村民的掩护下，各期训练班一直在隐蔽、安全的环境中进行培训，均取得良好的训练效果。1943年3月，广东人民抗日游击总队将政治部、《前进报》社址、新闻台也设在双岗。双岗乡民不仅为游击队提供场地，还积极送儿女参军。据镇志统计，抗日战争和解放战争时期，有27名双岗儿女为国捐躯，他们来自双岗的四个自然村，其中以上、下环村的林姓子弟居多，且大多数是东江纵队战士。

革命烈士林冲，又名林文光，字觉魂，1916年出生于双岗下环村，1938年参加东莞抗日模范壮丁队，随后加入中国共产党。他作战英勇，擅长统战工作。1940年跟随部队在宝安一带任短枪队员，其间做了大量的宣传教育工作，争取往来客商为抗日部队服务，为部队解决经济给养问题。解放战争时期，他英勇牺牲，年仅30岁。

牺牲时年仅20岁的革命烈士林耀，也是双岗下环村人。林耀1924年出生，少年丧父，母亲做苦力拉扯大三个子女。姐姐林桂芝在抗日战争爆发后即参加革命，母亲也常常为地下党和部队送信。林耀童年时便深受影响，倾向革命。1941年2月，他主动要求参加革命，跟随姐姐参加王作尧领导的广东人民抗日游击大队第五大队，后调入曾生领导的第三大队，活跃在大岭山和莞太线一带抗日。1942年林耀加入中国共产党。1944年秋，林耀随大队部到达宝安，在燕川、塘下涌一带与日军激战，不幸胸部中弹，壮烈牺牲。

双岗儿女深受革命先烈的影响，一直爱国爱乡。中华人民共和国成立后，他们又前仆后继地投入到保家卫国的战争和社会主义的建设中，当中涌现出大批优秀人才。

林淦，双岗下环村人，1918年1月出生，1938年11月参加革命，1949年4月任粤赣湘边纵队一支队参谋处副主任兼作战科科长。中华人民共和国成立后先后任东江军分区作战科科长、中南军区独立八团参谋长、惠阳人民武装部部长等。

林榆,被称为"新中国粤剧幕后掌舵人",1920年1月出生在东莞厚街双岗乡。林榆中学毕业后考入广东艺术专科学校学习话剧。1938年,他发挥自己的艺术特长,组织同学走上街头,用文艺形式宣传抗日。后来,林榆秘密前往东莞大岭山加入东江纵队,成为一名抗日战士。中华人民共和国成立后,他曾任广州军管会接管军事代表、华南文联部长等职。

方剑心,1933年12月出生在东莞厚街双岗乡。1949年11月,方剑心参加中国人民解放军,1968年随中国核试验基地司令员白斌到新疆罗布泊参加核试验,任司令员秘书,1971年任司令部办公室主任。方剑心致力于我国"两弹一星"的研发事业,经历过多次原子弹和氢弹的试验,为我国国防事业的发展做出了杰出的贡献。

林干能生于斯长于斯,自幼耳闻先烈的英勇事迹,感悟前辈勤勉奉献的精神,对家乡有着深沉而诚挚的感情。也正是这份感情,使他在成长和创业过程中始终不舍脚下这方土地,选择将事业牢牢扎根于生他养他的家乡。

守粮仓的祖父营养不良

先辈们前仆后继投身革命，保家卫国，使得舍小家为大家的精神融入了林氏家族的血脉之中。林干能的祖辈热心公共事务，曾祖父曾担任双岗乡副乡长，祖父林棪曾是双岗集体粮仓守粮员，父亲林芝伦自"土改"开始后长期担任村干部，负责村里的会计、文化、土建等工作。据林干能回忆，"文革"时，父亲林芝伦曾因担任村干部而受到冲击，当时批斗他的口号是"打倒村官三朝元老"。

在林干能的儿时记忆中，林家祖辈曾居住在双岗上环村一处人烟稀少、偏僻荒凉的地方，周围杂草丛生，有一栋不知林家哪位先人遗留下来的600多平方米的瓦厂房。瓦厂房边上是他儿时跟随祖父母居住过的祖屋，祖屋与瓦厂房两屋相连。孩童时期的林干能与祖父林棪、祖母方芳，父亲林芝伦、母亲方少兰，以及妹妹林自开一起住在祖屋里，可谓三代同堂。祖屋附近还有两处破烂不堪、无法居住的老房子，据说是早年日本侵华期间逃离家园迁徙他乡谋生的村民遗留下来的。

1953年，林芝伦将祖屋旁那栋空荡荡的瓦厂房捐给村里用作办公场地，但只用了两年村办公室便迁走了。大约在1956年，瓦厂房改为双岗集体粮仓。家住粮仓旁边的林干能的祖父林棪便顺理成章地成为粮仓的义务保管员，责无旁贷地守护着全村人的口粮。这个地方本就偏僻，村办公室迁走后人迹罕至，杂草长得有一人多高，显得更加荒凉，晚上还不时有柴狗、狐狸等出没嚎叫，更让人心惊胆战。即便成年后林干能忆起儿时，那种阴森可怕的感觉依然清晰如昨。

在林干能的记忆中,祖父林棪性格刚直且雷厉风行,勤劳朴实又多才多艺,是个精明能干且很有智慧的农民。他不仅擅长维修小机器,还擅长手工编织,编制灯笼的技术可谓一流。林干能印象最深的是祖父会拉二胡。逢年过节或农闲时,兴致所至,林棪会随手拉上一段《二泉映月》,或是《赛马》等曲子,附近的乡邻都会围过来听得如痴如醉。那时乡村娱乐活动少,人们不懂什么名曲,只知道好听。看到祖父拉二胡给大家带来了许多欢乐,儿时的林干能常常觉得十分骄傲。奶奶方芳则是一名典型的南方农妇,恪守相夫教子之道,为人忠厚善良。作为家中长孙,林干能儿时大部分时间跟着祖父、祖母一起生活,留下了许多温馨的记忆,祖父的行事做派,也对他的人生产生了重要的影响。

1955年,厚街响应国家号召,在常年互助组的基础上成立了162个初级社;1956年进一步组建成56个高级社,全部农户加入高级社,土地归

▲ 20世纪50年代厚街农民使用传统的耕作方式犁田

耕耘岁月
一个东莞农民的创业之路

社，实行包工、包产、包成本的"三包一奖"制度[①]。正是这一时期，林干能祖屋旁边原作为村办公室的瓦厂房改成了村粮仓，祖父林棪开始负责守护这个属于全村社员的粮仓。在担任守粮员期间，林棪表现出一个朴实农民可贵的忠厚清廉品质。他绝不允许社员有任何偷拿的行为，也不允许自家人占便宜。即使在自己因饥饿而出现严重水肿的时候，他也未曾挪用粮仓一粒粮食，至死都恪守忠诚。

1958年9月，中共中央公布社会主义总路线，成立工、农、兵、学、商五位一体、政社合一的人民公社。同年10月1日，东莞县农村与全国各地农村一样一哄而起，在锣鼓声中实现了人民公社化，建立起了莞城、寮步、石龙、企石、大朗、常平、樟木头、塘厦、厚街、虎门、道滘、麻涌、中堂、莞城等14个人民公社。为"割掉资本主义尾巴"，各村收回社员的自留地和自留山，粮食统一归集体管理，集体办起了公共食堂，所有社员都在食堂吃饭，生老病死各项费用都由公社承担。刚开始时，吃饭不用钱，人人放开肚皮吃，但仅仅半年，集体粮食便被吃空。随后双岗大队和当时全国许多农村一样，出现严重的粮食紧缺、物资匮乏现象。1959年，由于主管生产的部门不尊重自然规律，大搞浮夸风和瞎指挥，盲目推行深耕、密植，粮食因此大幅减产，公共食堂陷入更加严重的粮荒。据《厚街镇志》记载：1960年4月，厚街全社陷入极端困难时期，粮食奇缺，群众以薯代粮，多吃由木薯、蕉头、猪糠制成的饼料充饥。村里开始对粮食进行计划分配，公共食堂每人每天限食三两米。社员们长期吃不饱饭，出现水肿的人越来越多。担任守粮员的林棪虽已近60岁，但身体健朗，经常参加生产劳动，由于体力消耗大，公共食堂的定量粮食根本无法满足其食量。为了填饱肚子，他利用屋前屋后的空地种植一些莙荙菜（也

---

① 东莞市地方志编纂委员会. 东莞市志[M]. 广州：广东人民出版社，1995：249.

叫甜菜），每天早晚采摘一大盆充饥。即使这样，他也从未想过利用守粮仓的便利偷拿集体粮食来缓解饥饿。由于长期挨饿，林棪终因营养不良导致血气虚亏，双脚肿胀，出现严重的水肿。又由于没有及时救治，不到两年他便病逝了，离开人世时才60多岁。

守着全村人口粮的守粮员，却因营养不良、温饱不足而患水肿去世，幼年的林干能心中在为失去祖父悲伤的同时，也萌生出对祖父大公无私、恪守诚信品质的深深敬佩。人们都说："常在河边走，哪有不湿鞋"，但林棪用自己的行为做出表率，证明了只要心中有诚信、行动有自律，即使常在河边走也可以做到不湿鞋。祖父去世时林干能不满10岁，虽然年纪小，但他至今还清晰地记得和祖父一起生活时的点点滴滴，祖父的音容笑貌依然历历在目。祖父生前为人处世所表现出的诚信以及义务守粮仓时所体现出的可贵忠诚，在林干能幼小的心里刻下了深深的印记，并产生深远影响。

林棪离世后，守护双岗村集体粮仓这个艰巨的任务仍交由住在祖屋的林干能一家承担。由于父亲担任村干部常要去县城开会和学习，家里很多时候就只剩下祖母方芳、母亲方少兰"两老"以及林干能和妹妹林自开"两幼"，于是守粮仓的任务便落在祖母、母亲和尚年幼的林干能身上。林干能的母亲方少兰和祖母一样，是典型的南方传统贤妻，对丈夫的工作全力支持，每日做好农活家务并恪守相夫教子之道。

幼时的林干能每次看到父亲打点行李包袱准备去县里开会，心里就会十分忐忑。家里只剩下祖母和母亲两个女人，还要看守粮仓，这让他感到不安。他总忍不住问父亲："这次又要去多久啊？"那时候交通落后，从厚街到东莞县城不通车，步行要四五个小时，所以每次父亲去县城开会或学习，总会提前一天收拾行李，一去便是一个星期甚至十天半个月。

父亲不在家的日子，林干能几乎每天都提心吊胆地度过，尤其是晚上

耕耘岁月
一个东莞农民的创业之路

感觉特别害怕。由于当时粮食十分紧缺,饥饿的不法社员常常打集体粮仓的主意。为了更容易得手,他们常趁林干能父亲去县城开会时的深夜下手。林家的祖屋中有一扇门,背后是用一根横栅栓住来关门的,很是破烂。而瓦厂房的门就相对比较稳固,外面都是用推板做门,门的背后用木柱顶住。企图偷粮的不法分子有时一次不成功,还会来第二次。

林干能还记得,有一晚又有不法分子企图深夜潜入粮仓偷粮。祖母最先发现动静,她悄悄叫醒林干能的母亲,再叫醒林干能。这时她们已经非常清晰地听到了外面的撬门声。三人小心翼翼地提着火水灯(一种老式油灯),带好木棍,祖母和母亲先用刀栓紧横栅,再把门顶住,然后扒在门边从门缝中观察不法分子的行动。不法分子听见门内有顶门的声音,看见内有灯光,知道行径暴露,但他们并不当一回事,只是明白有人把守很难实现偷粮的目的,便转身不慌不忙地离开。至今林干能回忆起那晚的情景,还能清晰地记得祖母与母亲惊慌的表情,以及当时自己内心的极度惊恐。像这样的夜晚后来还出现过好多次,幼小且敏感的林干能每次都惊惧不安,以至于彻夜难眠。这样的生活持续了两年多时间,在那些惊恐的夜晚,林干能想已离世的祖父,想离家开会的父亲,想自己什么时候才能长大到足以保护这个家庭。

1961年3月,厚街贯彻《农村人民公社条例》,改革管理体制,下放权力,进行整社整风。其时采取了四项措施:解散集体食堂,粮食下放到户;以队为基础,实行三级核算;恢复和发展家庭饲养生猪、"三鸟"家禽;恢复社员自留地。公共食堂随之解散,"大锅饭时代"结束,很快人们的生活较之前有了很大改善。祖孙三代曾守护的粮仓也搬迁到了其他地方。此时,林干能也已慢慢长大,那些在黑夜中担惊受怕又顽强守护粮仓的往事刻进了他的人生记忆之中,并时时提醒他葆有诚信和忠诚的可贵品质。

一心为公的父亲

在林干能的儿时记忆中，父亲林芝伦总是很忙，忙着组织社员出工，忙着算账，忙着帮助村里搞土建，忙着开会，有时候十天半个月都见不到人。

林芝伦读过几年私塾，在农村可以说是会识文断字的知识分子。再加上遗传了祖辈心灵手巧、勤奋好学的秉性，生活中遇到问题不懂就问，经常虚心请教经验丰富的老师傅，因而他获得了丰富的土建及工程知识，无师自通，学会了手工、木工、土建等技术活，对村民们一些土建小工程常常能提出很好的意见和建议。又因为性格善良，诚信老实，为人忠厚，村民们有建房等土建工程或在建房中碰到困难时，常爱找林芝伦商量和帮忙，故而他在村里有良好的群众基础和一定的威望。

中华人民共和国成立后不久，大规模土地改革推行随即。1951年2月，东莞县政府成立土地改革委员会；5月，一支由2000多人组成的土地改革工作队成立，全面开展土地改革[①]，目的是按照中央部署，通过土地改革解放农村生产力，发展农业生产，为工业化开辟道路。1953年2月，全区进行"土改"复查，丈量土地，颁发土地证。在这期间，林芝伦被推举参加"土改"复查工作，成为一名村干部。当时全县划分为15个区及3个区级镇，厚街是第十二区。在"土改"过程中，林芝伦因清正廉洁，顾全大局，不计较个人得失，深得大队干部、群众的拥护和爱戴。

1953年4月，东莞县土地改革运动结束，从根本上改变了农村的生产

---

① 东莞市地方志编纂委员会. 东莞市志[M]. 广州：广东人民出版社，1995：24-25.

耕耘岁月
一个东莞农民的创业之路

关系,真正做到了"耕者有其田"。在进行土地改革运动的同时,通过各项民主改革,整个东莞的社会面貌发生了深刻变化,为恢复和发展经济创造了良好的群众基础和社会环境。1957年,全国经济建设第一个五年计划顺利完成,全国各地工农业生产都有了大幅提高。当时,社会安定、民风良好,人民内心充满热情和干劲,对党和政府尤其是最高领袖的所有决策都十分拥戴,对国家的未来充满信心和憧憬,人人都争先恐后地为实现共产主义贡献力量。

1958年,全国农村开展人民公社化运动。当年9月,东莞将高级社建立的乡制废除,成立13个人民公社,并从10月1日起按军队建制建构人民公社的行政组织,设师、团、营、连、排等行政单位,其中,排相当于生产小队,连相当于生产大队[1]。厚街人民公社随之成立,下辖的56个高级社改名为"××生产大队管理委员会",大队下辖的则改为"××生产小队",双岗属双涌营双岗生产大队[2]。

是年冬天,全国掀起"大跃进"。厚街公社响应号召,全社大炼钢铁,建设集体饭堂"吃大锅饭"。社员们将自己的土地、耕牛、农具等生产资料都上缴集体,由生产队统一管理。为解决生产资金短缺问题,公社又开展"六献"活动,动员社员将家里保存的金、银、珠、铜、铁、锡献出以支持社会主义建设。其时,双岗大队由于房屋短缺,没有空余的房子开办公共食堂,只能在露天空地上吃饭,于是村里决定建造公共食堂。为了使村集体大食堂能够尽早建成,林芝伦带头把自己家中的40多条杉木无偿捐献出来。在当时,40多条杉木足以做一正一侧4间瓦房的木梁,是一个农村家庭的核心资产,这也是林芝伦和其父亲林棪两代人积累的最大财富,但林芝伦毫不犹豫地捐给了集体!即便在今天看来,此举仍足见林芝

---
[1] 东莞市地方志编纂委员会. 东莞市志 [M]. 广州:广东人民出版社,1995:29-30.
[2] 《东莞市厚街镇志》编纂委员会. 东莞市厚街镇志 [M]. 广州:广东人民出版社,2015:25.

初 生 牛 犊

伦身上具备的舍小家为大家的无私奉献精神。

林芝伦心灵手巧且有一定的文化,担任村干部时主要负责管理村里的财务、文化、土建等工作,还常被安排外出开会和汇报。他曾带领村民放水闸、修拱桥、修河堤等,因为全心全意为村民服务,且亲力亲为与社员打成一片,故而深受社员爱戴,常常获得上级表彰。当时政府对基层村干部的考评十分严格,每逢考评,林芝伦总是成绩优秀。有段时间厚街被划分为多个片区,双岗属桥头片区,片区还辖有新塘、南五、桥头、涌口等大队,考评中林芝伦总在桥头片区名列前茅。在担任村干部的几十年生涯中,林芝伦始终保持着一个基层共产党员的作风:信念坚定,对党忠诚,敬业、刻苦耐劳又乐于为村民办实事,总是尽心尽力地抓好基层工作。

▲下环桥。下环桥是连通家具大道与双岗下环村出入口的重要桥梁。20世纪60年代最初建设时由林干能父亲林芝伦负责桥梁基建。2000年前后,因道路扩建需要,双岗村把旧桥拆掉,修建成如今的下环桥。

耕耘岁月
一个东莞农民的创业之路

▲ 永春园（林芝伦题）

儿时的林干能目睹父亲游刃有余地管理村中事务，还常得到表彰，他很为自己有这样的父亲感到骄傲，内心也十分钦佩和崇拜自己的父亲，盼望着能够多和父亲待在一起。但林芝伦忙于工作和外出开会，较少顾及家里。那时的林干能对父亲所做的一切事情和去过的地方都深感好奇，尤其每次父亲去县城开会，他都希望父亲能带他一起去。但父亲很少带他外出，倒是十分关爱他的妇联主任带他去过两三趟，所以至今林干能还能清晰回忆起当年父亲曾去开会的东莞县政府和周边环境的情况。林干能还对儿时奶奶拜托亲戚带他去广州拜访方苞一事印象非常深刻。在那个时代，在交通不发达的农村，有些人一辈子都未曾走出自己的村子，而他能在儿时就有机会走出厚街见世面，不仅锻炼了胆识，也开阔了视野、增长了见识。他觉得这是爷爷林棪、奶奶方芳以及父亲林芝伦对他寄予厚望，在有意识地从小培养他的眼光和格局。因此，他屡次回忆起时都表示深感幸运。

双岗小学的童年时光

回忆童年时光，自然离不开学校和同学。因为历史和家庭的原因，林干能仅读到高小就毕业了，对此他一直深以为憾。1996年年近50岁时，他还想办法通过自学补上中专，获得中专学历。虽然在校就读时间不长，但林干能对小学读书时的经历却记忆犹新。

1956年，厚街区办起了幼儿园，附设民办幼儿班。全区当时有4个幼儿园，19个班，共有近700名孩子在读，林干能也是其中之一。他至今还清晰地记得自己上幼儿园期间曾参与表演一个名为"人多力量大"的节目。当时他扮演老公公，在村里种了一棵大萝卜，那棵萝卜太大了，一个人拔呀拔呀怎么也拔不动，后来小花狗、小花猫都来帮忙，人多力量大，最终将大萝卜拔了出来。林干能当时扮演的是这个故事的主角，这对于一个五六岁的孩子来讲，能被老师选中参加这个节目的表演，是一件多么令人骄傲的事情！他每次回忆起来都觉得心里十分开心，犹如又回到了童年那无忧无虑的时光。

1958年9月，林干能入读本大队的双岗小学。双岗小学最早创办于1928年9月，当时双岗属第八区竹溪区，学校属乡办，有4个班、5名专职教师，160名学生就读。竹溪区因经济较发达，重视教育，辖区内共有12所小学和15间私塾，这在当时的农村是非常难得的，可见双岗当地有重视教育的传统。中华人民共和国成立后，厚街教育有了更大的发展，全区乡乡有小学。双岗小学办学规模进一步扩大，1952年时学校设6个班，有8位教师和230名学生。双岗小学重视学生素质发展，重视为学生的未来奠定

耕耘岁月
一个东莞农民的创业之路

基础,形成了"勤学好问、活学善思"的良好学风。因为历史悠久,学校开办以来一直得到当地民众的大力支持。

林干能在双岗小学上学时,从一年级到三年级他的学习成绩都是相当不错的。由于儿时写得一手好字,读三年级的时候他曾经代表全班参加书法比赛,与五、六年级的学生同台较量,还荣获三等奖。那时在老师的心目中,林干能聪明伶俐,是读书的好苗子,因此对他寄予很高的期望。但后来因为恰逢三年困难时期,加上林干能的二弟、二妹、三弟先后出生,家中人口增多,却仅有父亲这一成年男劳动力。尽管父亲精明能干,擅长持家,但作为长子的林干能目睹父亲的辛劳,到了四年级约九岁时幼小的心灵便在继续读书与退学之间徘徊。

当时的双岗小学坐落在一座小山岗的山顶上,视野非常开阔,由于空

▲ 双岗民办小学首届毕业师生合照(前排右二为林干能)

气好，天晴时极目远眺，在校园里能看到远处蜿蜒的珠江流域。纵横交错的珠江支流水网交织在碧绿的原野间，一派水乡田园的美丽风光。不过那时林干能眼里看到的不是美丽的风光，而是水塘河涌里的小鱼小虾，在温饱问题尚未解决的20世纪五六十年代，吃饱自然是正在长身体的林干能心目中的头等大事。他身在学堂心在江河，脑子里总是在琢磨着去哪里能够捉到更多的鱼虾，可以为家里饭桌上多增加一些口粮和吃食。

逐渐地林干能无心向学，学习成绩急剧下滑。六年级时，班里12个成绩较差的学生一起被送去文办班课室上课，他成了其中一员，与四年级的学生同坐一个课室，轮流上课，当时这一班被称作"复式班"。在"复式班"学了一年后，1964年7月，林干能从双岗小学毕业，获得高小学历。

林干能少年弃学务农的经历，在那个时期是一种普遍的现象。经过20世纪50年代末至60年代初的三年困难时期，农村经济萎靡，再加上当时倡导"人多力量大"，鼓励生育，养活人口成为当务之急，社会普遍不重视教育。很多孩子不得不早早地离开学校回乡务农，这不仅是林干能青少年时代的遗憾，也是那个时期一代人的遗憾。

勤勉少年

QINMIAN SHAONIAN

生产队多了一个劳动力

农闲时学了门手艺

干点别的补贴家用

大队成立服务站

生产队多了一个劳动力

1964年,林干能高小毕业时,还是个不到15岁的少年。当时,家里只有父亲林芝伦一个成年劳动力,奶奶年纪大了,母亲刚生了三弟林淦泉,大妹林自开、二弟林正全、二妹林醒开年龄都不满10岁。幸而林芝伦是个非常擅长精打细算的家长,依靠自己的勤奋劳作,再加上担任村干部的少数工分补贴,十分辛苦地勉力维持着一家老小的温饱。作为长子的林干能目睹父亲的辛劳,虽然年少,却一心想为父母分忧,分担养家的重任。因此他一出学校即参加生产队的劳动,真正成为一名农民。

那时农民靠工分吃饭,社员出工采取评分记工制,又称工分制、劳动日制。一般一个成年一级劳动力出勤一天记十个工分,二级记八个工分,每一级少一两分。16岁以下属学生,劳动一天仅记约三个工分。林干能虽已从学校毕业回生产队务农,但年龄尚小,定的工分等级也不高。满16岁后,他每天能拿七个工分,折算成现金大约是五角六分钱。

林干能所在的双岗上环第一队有100多人,生产队以种植水稻等粮食作物为主。但因为双岗地处咸淡水交界处的沙田区域,适于种植水稻的良田并不多。人多田少,每年生产的粮食不够吃,生产队便安排社员种咸水草、甘蔗等经济作物以增加集体收入,人们称"搞副业"。双岗大队咸水草丰富,每年可收割两次。当时咸水草有两种处理方式,一种是安排人工直接将咸水草连根砍下,码齐后捆扎整齐,然后送到收购站或码头,一部分销往广州、惠州等周边城镇集市,一部分销往香港、澳门等地;另外一种是收割后编织成草席出售,这类草席当地人叫"芦底席",大多数销往

▲ 用咸水草编织成的草席

香港、澳门等地。除此之外，生产队还安排劳动力输出。林干能记得自己曾被安排到珠海白藤湖、东莞长安乌沙等地务工，每天大约能为集体创收2.5元钱。那时林干能年轻好学，无论被安排做什么，都能服从安排，保质保量地完成自己的工作任务。

在生产队务农时，每天一到开工时间，林干能便到生产队队部听队长派工，然后带齐生产工具跟着其他社员一起开工。后来生产队改变方式，不再集中人员派工，而是改为"挂牌仔"，每个社员一个"牌仔"，写上名字，统一挂在生产队队部的黑板上。队长提前把每个人做什么工种、去哪里做工写在黑板上，然后在相应的位置挂上"牌仔"，社员的"牌仔"挂在什么工种上，当天就去做什么工作。这种"牌仔"非常实用，一家人只要看一下派工牌，就知道全家人该做什么了。如果某个社员因事不能开工，就需要提早把派工牌挂在请假栏上。

当时社员口粮分配按照"以人定等，按等定量"的原则进行，每年分配两次。有劳动力的社员分4~5级，级差3~5斤，老人和16岁以下儿童的

"两头人口"则口粮定量不变。对劳动力人口口粮的分配一般采用工分带粮的方式。工分带粮分三种形式：一是满勤满分满粮，按照出勤天数和完成劳动工分数分配等级口粮；二是基本口粮与工分带粮相结合，在劳动力的等级口粮中拿70%左右作为基本口粮，30%左右按劳动力实做工分进行分配；三是无底带口粮，即劳动力口粮全部按劳动工分分配。双岗大队主要采取第一、第二种方式。林干能未满16岁前，只能按"两头人口"的标准领取定量的粮食；年满16岁以后，便能够按实际工分分配粮食。由于父亲善于持家，精于计划，家中分得的粮食基本能保证每日两餐，碰到年岁好时，偶尔还能结余几十斤粮食，这在当时农村是极为难得的事情。

当时双岗大队在社员管理上比较先进，允许社员完成队里的派工任务后可以自行回家。社员们非常拥护这种管理方式，很多队员都希望抓紧时间干完队里的派工后，可以多一点时间忙活自留地或者别的私活以增加收入。这种方式既保证了生产队的生产质量，也可提高生产效率，还可提高社员的生产积极性。林干能那时年龄虽小，但身躯健硕、体魄强壮，而且做事高效，无论多么累多么艰苦，他也会想方设法尽快完成工作任务，故而每次分配的任务都能很快完成。那时，做事利索又善于思考的林干能迫切希望能够用省下来的时间做点别的私活来增加家庭收入。

做些什么才能尽快给家里增加收入呢？少年林干能将目光投向务农之外的营生方式。

农闲时学了门手艺

林干能祖父林棪生前是个心灵手巧的人，善于手工编织。父亲林芝伦善于学习、勤于动手，无师自通学会砌灶、砌墙等手艺，但除了给自家做做之外，只偶尔给邻居和村里人帮个忙，并不以此为业。林干能耳濡目染，同样继承了林家人心灵手巧、勤快利索、善于学习的传统。为了增加家庭收入，少年林干能向父亲学习，开始尝试学做泥水工，也称"泥水学徒"，主要从抽泥斗等杂活开始，再慢慢学做砌灶、砌墙等技术活。父亲平常事务繁忙，并没有太多时间指导林干能提高泥水工技术，所以林干能主要靠自己慢慢观察和摸索，并向其他老师傅虚心求教，在勤学苦练中掌握了这门手艺。

1960年代的东莞农村，务农之外的其他行业都被称为副业。林干能学做的"泥水工"被大家称为"三行佬"①，泛指农村中从事泥水、木工、修船、修农具、倒树（伐树）、打铁、补箩、剃头、小五金维修等的从业人员。这些副业在当时的农村中地位并不高，但因为在生活中不可或缺，农民农闲时偷偷在外干几天，能在种田拿工分之外多一份额外的收入。

早在1950年代农业合作社时期，有些地方的"三行佬"由生产队或公社组织起来成立建筑组、木工组、打铁社、竹篾社、维修队、理发队等，然后统一安排活计，收入全部归集体，人员以支取固定工资或回生产队记工分作为报酬。1960年代中期以后，部分集体对专业人员实行按件计酬，

---

① 刘松泰. 农耕档案：1949—1979年东莞农耕史实[M]. 广州：中山大学出版社，2016：367.

甚至允许副业人员单干，以每月上缴一定数额的副业款给集体，集体记回工分作为报酬。林干能做泥水工学徒时，双岗大队采取的仍然是1950年代的计酬方式，即由生产队统一安排活计，收入归集体，工资按每天2.3元从队部支出。林干能当时是个学徒，只能领到"小工"的工资，即每天1.1元。

随着时间的不断推移，林干能的泥水工技术水平不断提高，其本人也迅速成长起来。不到两年的时间，他已成为一个较为出众的泥水工师傅，虽然还不到18岁，但已经非常受村民喜欢和信任，并且被外村人所熟知，常游走于周边的村落，到各个村去承接砌灶、砌墙等建筑活。

那时农村生活贫困，砌灶、砌墙的并不多，建房子的就更少了，对泥水工的需求量并不大。再加上交通不便，出入外村外乡需要打证明，管理很严格，他和其他泥水工师傅只能承接本村或相邻几个村的小工程。因此，大家平时只偶尔做一些砌灶、维修土墙等的小建设，大部分时间还是在生产队按部就班出工做农活。这对于一心想多增加收入的林干能来说，是远远不够的。

干点别的补贴家用

经过近两年时间的历练,林干能迅速成长起来。此时的他已经成长为一个体格健硕、勤奋利索、善于学习和思考的一级劳动力。因为年轻且富有活力,他浑身好像有使不完的劲似的。

20世纪60年代东莞农村口粮有头造和晚造两次分配,头造在夏收后分配,分配四个月;晚造在秋收后分配,分配八个月。一般以月人均30斤为保护线,50斤为上限。1967年东莞全县月人均口粮47.8斤,按70%折成大米,一个月人均口粮不到34斤。若按工分折算成现金,全年下来一个成年的一级劳动力一年的总收入不到150元,其中粮、油、糖、柴草等实物分配占全年总收入的70%,现金报酬占30%[1]。按照全县标准,以当时农民的食量,一个成年人除每年劳动分配的粮食外还需要添加部分杂粮,才能保证自己一个人三餐吃饱。林干能一家仅他和父亲林芝伦两个成年男劳动力、母亲一个成年女劳动力,外加一个老人和四个儿童,属于当时较为困难的"超支大户",解决全家温饱依旧是家庭最大的难题。

当时林干能自食其力已毫无问题,但家中尚有四个未成年的弟妹,虽然他平时做泥水工有一部分额外收入,但因为都是生产队安排的临时性的小工程,所得收入并不多。目睹父亲持家的辛劳,年少的林干能不愿甘于现状,他觉得自己身强力壮,不缺头脑,还可以做得更多更好,应该承担起更多的家庭责任。所以,闲暇时他总琢磨着要干点私活增加收入。

---

[1] 刘松泰. 农耕档案:1949—1979年东莞农耕史实[M]. 广州:中山大学出版社,2016:261.

耕耘岁月
一个东莞农民的创业之路

　　林干能想到了劈柴。

　　岭南缺煤，而人们日常生活离不开火，因此柴火就显得尤为重要。无论是食堂大锅饭还是家庭小灶，都需要柴火才能生火做饭，没柴烧就意味着没饭吃，尤其大食堂更需要大量柴火。1961年5月中央工作会议上宣布解散公共食堂，农民重新各回各家自行开伙。旧时东莞农村烧柴煮饭，大多以稻草、树叶、蔗壳等柴禾为主。那时每家都有一个柴间，用来存放生产队分配的和家中小孩在野外捡的柴火。生产队每年分配禾草是件非常严肃的事情。为了公平合理，各个生产队都会根据实际情况制定分配方案，征求社员的意见。有的地方按人口加耕牛进行分配，有些地方按人口加工分再加耕牛进行分配，也有些地方按口粮或水稻面积进行分配。此外，分配的柴禾要收钱，一般每100斤干稻草大约收0.5元，从社员的全年劳动报酬中扣除。

　　1961年6月，为了换取化肥，紧邻东莞的宝安县委曾专门向广东省委打报告申请组织群众出口柴草到香港。报告中提到，当时香港居民所用柴草大部分从澳大利亚进口，宝安与香港接壤，又山林茂盛，盛产柴草，出口柴草到香港既不影响国家外贸计划，也不影响内销；而且250~300斤柴草可以换一担化肥，一年下来可以换回一万担化肥，非常有利于发展农业生产[1]。这份报告获得了广东省委的批准，柴禾由此成为一项外贸出口商品，价格自然水涨船高，这也使得劈柴这门营生更具吸引力。

　　东莞县、宝安县山脉相连，厚街背靠大岭山，不缺柴禾，许多青壮年农闲时便以劈柴为副业增加收入。劈柴是门讲究体力加技巧的重活，只有身强力壮且身手灵巧的人才能担当，再加上用于出口，所以劈柴的报酬也比一般的手艺活高。当时劈柴100斤可得3元报酬，一天下来可赚到11~12

---

[1] 涂俏. 袁庚传：改革现场 1978—1984［M］. 深圳：海天出版社，2017.

元，而最优秀的泥水工每天也不过得2.5元的工资，劈一天柴的工资是做一天泥水工收入的几倍，这对于林干能来说实在太有吸引力了。年轻力壮的林干能雄心勃勃，彼时的他最不缺的便是力气，于是便毫不犹豫地每月腾出一两天跟着乡人外出劈柴赚钱，补贴家用。

大队成立服务站

社员们利用农闲时间偷偷干副业的事情引起了上级的注意，上级认为社员搞副业的行为有资本主义倾向，而且存在一些副业人员对待集体出工敷衍塞责、腾出时间专干自己私活的现象，很影响农业生产，偏离以粮为纲的政策，不利于农田基本建设。为此，上级认为应该逐步引导农村副业人员走上社会主义集体化道路。

1967年，为避免生产一线的劳动力为了增加收入而偏重副业，双岗大队成立了服务站，将大队所有的副业人员集中管理，服务站站长便是林干能的父亲林芝伦。当时厚街成立服务站的大队并不多，这类服务站相当于公社和大队办的集体企业，将社员中的"三行佬"都纳入其中统一管理和分配任务，以增加生产队收入。服务站集合的大多只是以农业为主的农机具制造或维修人员，以及榨糖、榨油、泥水、木工等具备某一行业手艺的农村副业人员。双岗大队服务站有100多人，主要有泥水工、木工、钳工等"三行佬"。在站长林芝伦的管理下，服务站分木工、铁工、泥水工、机电工等5个班组，实行层级管理，各组有组长。服务站还定有任务指标，实行考勤制度，会在特定时间对班组各项任务进行考核，这种管理方式在当时来说是十分先进的，双岗大队服务站也因此成为一个有组织、有纪律、比较规范的集体组织。当时林干能被分在泥水工班组，泥水工共分4个班组，一般每月满勤28天，休息2天。

双岗大队服务站主要服务于双岗大队村民，以解决村民的燃眉之急为主，服务对象为4000~5000户村民，主要承担给村民建房子、砌墙等的小工程。服务站承接工程是集体行为，人员须接受集体管理，偶尔也承接周边大队的土建工程，甚至安排到珠海、东莞长安等地务工，当时又称劳务输出。承接工程所获得的收入由村财务部统一收取，服务站工人则赚取工分。

在双岗大队服务站做泥水工期间，林干能印象最深的是被安排到长安新民村第二队、第三队去建围屋和基围。那时他年轻踏实、勤奋好学，不仅手艺好，还头脑灵活，常常在建筑过程中冒出一些新想法，使得他经手的工程更牢固、更美观。由于当时是以双岗大队服务站集体名义承建工程的，工人只赚取工分不直接拿工资，当地的一些村民便私下送蚝、鸭蛋、白糖等给林干能，感谢他的好手艺和勤奋负责。年轻的林干能非常感谢村民的好心，但他从不收村民的礼物。在他的心里，他代表的是双岗大队服务站，是集体成员，如果私下收礼，便是利用集体为个人谋私利，这对于从小目睹祖父和父亲清廉正直行为的林干能来讲，是绝对不能接受的原则性问题。但村民们的热情让他深受感动，他明白了即使只是一个小小的泥水工师傅，只要为人踏实、技术可靠，一样可以受到别人的尊重。

1975年，东莞县革委会财贸办公室专门发出通知，对全县副业专业人员进行登记发证，引导副业专业人员坚持社会主义方向。通知指出，对具备某项手工业专业技术的个体劳动者，在不影响农业生产、不剥削他人、不进行违法和投机倒把活动的前提下，依法缴纳税收和管理费，服从公社生产队和街道管理的，可进行登记发证，规范管理。发证以后，"三行佬"得以名正言顺地开展工作。

1976年，父亲林芝伦不再担任双岗大队服务站站长。1978年，服务站解散。一些在服务站工作过的技术人员尝试自行承接工程，但大多没有成功，而林干能却是个例外。此时的林干能已有多年的建筑经验，并在东莞长安等地积累了良好的口碑。再加上他个人热爱建筑行业，对自己的技术

耕耘岁月
一个东莞农民的创业之路

水平和工程质量都有比较高的要求,在质量问题上绝不弄虚作假,在技术上总是精益求精。因此,虽然双岗大队服务站解散了,他接到的和参与的工程反而比以前更多了。对于林干能来说,这样不仅可以为家庭增加收入,还能从自己擅长的技术中获得成就感和满足感,也使他加深了对建筑行业的热爱。

成家立业

CHENGJIA LIYE

林家的顶梁柱

倔强而有骨气地生存

受伤不耽误接活

决定留在家乡

转折性的1978年

时机来了

林家的顶梁柱

1970年2月15日，21岁的林干能与本村的林日崧女士结婚，从此相互扶持，风雨相伴。林日崧女士与林干能的奶奶和母亲一样，是一位传统的岭南女性。她长相秀气，性格温和，待人亲善，与林干能结婚后，两人常一起早出晚归出工，回家后便协助家婆照顾年迈的奶奶及家中幼小的弟妹，共同承担起八口之家的生活重担。在那样艰苦的日子里，对于一户老弱人口较多的"超支户"来讲，增加一个劳动力，无疑为整个家庭带来了无限生机和希望。同年，林干能长子林集永出生，林家四代同堂。

在林干能的记忆中，1970年他不仅仅成家立业完成了一个男人的蜕变，同时也意味着要肩负起大家庭和小家庭的两副重担，切切实实成为家

▲ 1970年东江引水工程工地（郭锡勋摄影）

庭的顶梁柱。这对于一个男人来说，是压力，也是动力。

1970年1月，东莞县动工扩建东江引水工程，厚街公社配合东莞县建设东江饮水工程三屯至双岗段，全长约6千米，同时还抽调人力到虎门支援工程建设。当时林干能父亲林芝伦负责村里的土建工作，自然而然成为这项工程的主要组织者。由于当时林干能在大队服务站做泥水工，并没有被派往参与扩建工程，但却全程目睹了工程的推进过程。当年东江饮水工程虽然规模浩大，但与现在的建筑工程相比，事实上并无太多的技术含量，主要是进行河道清淤和扩宽以及开挖新的引水河渠，工程采用的主要是人海战术。目睹数万人集中在一起热火朝天地开挖河渠的宏大场面，林干能深深感受到了大家斗志昂扬的战斗精神，心里受到了很大的冲击。

东江引水工程以20世纪50年代兴建的东莞运河即沙田引淡渠为基础，上伸下延连接而成。在桥头建塘口作引水口，破堤筑闸。当东江水位达2.8米时，无坝引水至企石河，再引至寒溪水道，经横沥、茶山至峡口水闸转入东莞运河，然后由樟村穿莞城过篁村至石鼓，在石鼓建闸，接通沙田引淡渠至厚街石角东闸进入沙田围，再开新河引入虎门，连珠江入海口，沿途经过桥头、企

▲东莞运河

耕耘岁月
一个东莞农民的创业之路

石、石排、横沥、东坑、寮步、茶山、东城、莞城、南城、厚街、沙田、虎门、长安14个镇街。引水工程全长102千米，其中1970年新开河43.2千米，新建涵闸21座，改建水闸9座、桥梁19座。工程施工声势浩大，出动的民工最多时达30万人。

现场都是各大队选派来的青壮劳动力，虽然吃住条件艰苦，体力消耗极大，但个个斗志昂扬，人人争先恐后，不仅涌现出许多铁汉子，还涌现出一批巾帼不让须眉的铁姑娘。这样群情激昂的劳动场面，在林干能的心里留下了深刻的记忆，使他切身体会到了集体和信仰的强大力量。

因为父亲是村干部，林干能有更多的机会通过报纸了解时事新闻和国家政策，看报纸成为他闲暇生活里的重要消遣。又由于在大队服务站服务，常被派到村子以外的珠海等地方做泥水工，林干能得以有更多机会接触村子以外的人和事，这使他更加善于思考，显得更加精明、灵活。

1970年4月25日，时常关注国家大事的林干能听说了中国第一颗人造卫星"东方红一号"成功发射的消息，从广播里听到了卫星播送的清晰洪亮的《东方红》乐曲。1970年5月，东江引水工程的工地上还多了许多青年学生，他们有些来自东莞县的其他公社，有些来自广州的一些学校。他们是下乡来参加劳动再教育的知识青年。这些热情洋溢的知识青年，对农村尤其农村当地青年造成了深远的影响。后者从知识青年身上看到与农村截然不同的生活方式，并跟随他们学会了读书看报，学会关注国家政策，学会了以更广阔的视野去看待新时代和新事物。

倔强而有骨气地生存

1972年9月，次子林永晋出生，林干能成了两个孩子的父亲，肩负的担子更重了，但23岁的林干能心中的喜悦远大于再为人父的压力。在崇尚"多子多福""人多力量大"的中国南方农村，经历过集体化大生产和以劳动力换粮食的年代，家里多一个男孩，意味着未来多了一个一级劳动力，多了一份温饱的希望。至于眼下的生活困难，人只要有一双手，总是有办法解决的。

这一年对当时的中国来讲，是极为特殊的一年。

1972年2月21—28日，美国总统尼克松访问中国，世界为之瞩目。此前，美国乒乓球代表团于1971年4月应邀访华，拉开了中美乒乓球外交的序幕。尼克松访华期间，毛泽东会见尼克松，周恩来同尼克松举行会谈。28日，中美双方在上海发表《联合公报》，标志着两国关系正常化进程的开始。

在中美关系改善的背景下，中日建交也加快了步伐。1972年9月25日，日本内阁总理大臣田中角荣应邀访问中国，谈判并促成了中日邦交正常化。29日，中日两国政府发表《联合声明》，宣布即日起建立外交关系，中国和日本之间的不正常邦交状态宣告结束，"日本方面痛思日本国过去由于战争给中国人民造成的重大损失的责任，表示深刻的反省"，"中国政府宣布，为了中日两国人民的友好，放弃对日本的战争赔偿要求"。

尼克松访华和中日建交，结束了中国同美、日等国家的冷战状态，打开了中国外交发展的新局面。这不仅使中国战略地位空前提高，而且也有利于我国经济、贸易、科技、文化、金融等各方面的交流与发展。

耕耘岁月
一个东莞农民的创业之路

在这种氛围下,中国政府进一步向世界释放对外交流信号,邀请了世界级电影大师米开朗琪罗·安东尼奥尼来到中国拍摄反映当时中国社会面貌的纪录片。安东尼奥尼在22天时间内走访了北京、上海、苏州、南京和林县(今河南林州市)等地,制作推出了时长220分钟的纪录片《中国》。他在片中提及,中国人民正在努力建设新生活,拥有一种有骨气地生存的可能性,祥和、富有人性,接近与自然相融以及人际关系温和等的人文主义理想境界。

林干能并不知道安东尼奥尼是谁,也不知道他曾来中国拍摄纪录片,但林干能也确实如同安东尼奥尼在纪录片中描述和评价的一样,内心祥和而充满干劲。20世纪70年代东莞县社员出工相对自由,大家完成自己的任务后,可以用更多时间耕种自留地或做一些副业。林干能在那时已经是个出色的泥水工,做一天泥水工可获报酬2.5元。此外,由于那时用锄头劈柴最吃香,劈一天柴可赚到11~12元(20世纪70年代东莞人均年收入不过150~200元),这对于当时的林干能来讲是极具诱惑力的一笔额外收入。为此他每月都要腾出一两天,挥舞着锄头转战山间林地,用自己满身的力气去辛劳工作,赚取额外收入。那些年,劈柴几乎成了他及家庭最大的一项收入来源。

受伤不耽误接活

随着1976年5月三儿子林健永出生，身为三个儿子的父亲，林干能的压力更大但干劲也更足了。如何养活三个嗷嗷待哺的儿子，如何支撑起整个家庭，是林干能日思夜想的问题。那时的林干能头脑灵活，不仅有一副体格健壮的好体魄和一身使不完的力气，还有一门出色的泥水工手艺，他从不放弃任何一个可以凭借双手改善家庭生活条件的机会。

1977年底，林干能带着舅仔去东莞沙田的海边为沙田生产队锄树头①。到现场一看，发现面积不小，估计一共有差不多400多斤树头，完成活计需要不少时间。因为事先没有告诉家人自己和舅仔的去向，担心家人寻找，林干能有些焦急，于是和舅仔商量好一人负责一半以求速战速决。他原本性急，又想尽快完成以免家人担心，所以干得格外卖力，不到两小时便锄完了200多斤树头，率先完成了任务。但舅仔的动作就慢了许多，林干能跑过去一看，发现他还剩一些树头尖顶没有锄完，而且锄头还松了。林干能赶紧帮起忙来，他拿起舅仔的锄头准备帮他紧一紧，结果一不小心，锄头一下子铲到他的左小腿上，顿时皮开肉裂，铲出了一条长七八公分、深达三四公分的伤口。当时林干能清晰地看到绽开的皮肉下那层黄油皮脂，随后鲜血喷涌而出，犹如花洒喷水。那时舅仔年龄尚小，没见过这么可怕的喷血场景，吓到面如土色、呆若木鸡，几乎快当场昏厥。林干

---

① 20世纪六七十年代，珠三角沿海地区一些山林场伐去树木后，剩下树根，树根挖出、劈小后可当禾柴售卖，此即"锄树头"。

耕耘岁月
一个东莞农民的创业之路

能急中生智,说时迟那时快,他迅速从舅仔肩上扯下用来擦汗的蓝色托布,紧紧绑住左脚伤口的上方止血,然后捆住伤口并死死按住。很多年后林干能回忆起当时的情景,猜测锄头应该是铲到了小腿动脉,才导致了可怕的大喷血,如果当时不及时止血,极有可能出现因失血过多而死亡的后果。只不过那时的林干能并没有意识到这一点,他凭着本能为自己包扎止血,进行自救,为自己争取了生存的机会。

简单包扎止血后,脚上的血似乎流得没么快了。林干能心里挂念着刚刚锄完的树头——那可是一家人几个月的口粮。他叫舅仔把树头用禾笠筒装好,一共装了四个禾笠筒,两笠一担,足足两担。他让舅仔担着禾笠快速离开,自己则一步一步慢慢爬向沙田的岸边,希望能搭上一条路过的船去对岸的沙田医院治疗。那时珠江入海口潮水很大,很多沙田人开着木船从水路运送香蕉到收购站以换取报酬。沉重的生活压力使他们行色匆匆,无暇顾及岸边受伤流血的林干能。林干能只能趴在岸边,眼睁睁地看着一艘艘木船快速从眼前驶过。

看着来来往往的船只逐渐远去,小腿仍在不停流血的林干能内心一度十分绝望,他觉得自己小腿上的血都快流光了。幸好最后他等到了一位善良好心的船家——这位船家划着木船经过时,发现林干能小腿流血不止,于心不忍,于是驾着木船靠岸,把林干能扶上船并送过了海,好心的船家把他放到沙田一个简陋的码头上便离开了。过了海的林干能依旧一筹莫展,因为那时的沙田码头十分简陋,两岸都堆满乱石,就算是一个正常人也难以行走。林干能小腿上的伤口依旧在流血不止,他已经无法站立,只能慢慢向前爬行离开码头,前往岸边。过了半小时左右,他的舅仔终于运送完树头,乘坐渡轮赶了过来,把即将昏迷的林干能背到沙田医院进行治疗。医生为流血不止的他足足缝了六针。伤好后,林干能的左小腿上留下了一道永久的疤痕。

这件事让林干能心有余悸。劈柴虽然收入高，但稍不留意可能带来极其危险的后果，更何况劈柴并不是长久之计。林干能思前想后，琢磨着还是应该另寻门路。受伤在家休养的这几天，正好一个好朋友前来探望他，聊起了在大队服务站时曾服务过的长安公社新民村的情况。朋友提到当时与林干能同在大队服务站的泥水工组长曾去长安新民村单干，但因为技术不精不太受欢迎，还有很多人在挂念林干能的技术和人品。朋友见他有另寻门路的想法，便建议他：既然又有技术又有口碑，不如再次前往长安单干。林干能听后眼前一亮，心想这未尝不是一个机会。他听从了朋友的建议和介绍，尽管脚伤还没有愈合，仅休息了几天便带着伤口前往长安镇新民村了解行情。

从此，林干能正式开始以独立的身份从事他一生中最重要的行业——建筑业。

决定留在家乡

1977年，林干能来到长安公社，以个人单干的形式在新民村开始了他的建筑生涯。

当时的长安公社新民村，生活水平已和其他地方有很大的不同。长安新民村背靠莲花山，面向大海，不仅种植水稻和甘蔗，还发展了水产养殖和海洋捕捞等渔业，是远近闻名的鱼米之乡。更重要的是它邻近香港，在过去很长的一段时间里，许多长安人通过各种方式前往香港谋生，他们在香港立足后，便经由各种渠道接济家乡的亲人。老一辈的长安人至今还清楚地记得，当年他们的祖辈、父辈甚至他们自己是如何不顾一切前往香港谋生的，那时候人们称之为"逃港"。

对紧邻深圳、靠近香港的长安人来讲，"逃港"并不是要背叛自己的国家，而是一种谋生或改善生活的手段。广九铁路连通广州、香港两地，横穿东莞，并在石龙设站，因而东莞与香港人员往来频繁。新中国成立初期，由于两地生活水平有天壤之别，"逃港"成为许多东莞人过好日子的最大希望。据《东莞市志》统计，自1956年至1981年春，从东莞前往香港的"逃港"人数多达53732人[①]。

1979年前后，林干能正在长安新民村给别人建房子。他见证了长安的这场"逃港"风潮，甚至差一点也成了其中的一员，但他最终还是选择留下来，扎根东莞。

---

① 东莞市地方志编纂委员会. 东莞市志[M]. 广州：广东人民出版社，1995：1307.

成家立业

长安新民村历来"逃港"的人多，他们到了香港挣到钱后，便会通过各种方式接济家乡的亲人，因此当地的生活水平不断改善。至1970年代末期，社会发展稳定，经济条件越来越好，人们的生活逐渐安定，吃饱穿暖后便开始考虑改善住房条件。一些经济条件好的农民开始请人建房子，将四处漏风漏雨的茅屋换成瓦房，有些甚至仿照香港修建水泥钢筋结构的两层楼房。这对于林干能来说，有活干有钱赚，正是满怀干劲改善家人生活条件的大好时机。

自1977年经朋友介绍到长安镇新民村单干从事建筑业，林干能在这里整整干了一年多，至1978年底整条围（那时村又称作"基围"）的新房基建已建得差不多，村里需建屋的已所剩无几了。正当林干能思考何去何从的时候，又一阵"逃港"风刮了起来。

1978年的东莞，面对国家提倡的改革开放，人们为之欢呼雀跃。同时，这一时期也被人们视作又一次"逃港"的机会，有些村庄甚至出现了男劳动力全部"逃港"的现象。

林干能也面临着这个当时被人们认为可以发财的"逃港"机会。此前他曾为新民村一个村主任建了一栋楼房，因为质量好且价格优惠，这位村主任非常满意，两人后来成为朋友。这位村主任已经定好了坐船离开东莞去香港，他动员林干能一起出发，还说只要林干能愿意，甚至可以带着建筑施工队所有人一起走。

面对村主任的邀约，林干能内心非常忐忑，一方面是机会在面前招手，另一方面是亲人在家里守望。他根据早年去往香港的乡人的描述判断，以自己的头脑和能力，只要能平安抵达香港，找一份赚钱的工作并在香港立足应该不难，比起当时内地的经济条件和工资水平，显然前往香港是迅速改善家庭生活条件的更好方式。但林干能又想，家里三个儿子还小，如果他离开了，万一他出了意外或没能挣到钱，妻儿该如何生活？而

耕耘岁月
一个东莞农民的创业之路

父母已经日渐年迈，弟弟妹妹或尚未成家或尚未成年。都说儿行千里母担忧，他作为长子，一旦离开，不仅不能承担起照顾父母和弟妹的责任，还要让他们为自己担忧，于心何忍？最重要的是，父亲是一名优秀的共产党员，多年担任双岗村村干部，一直以来都以身作则、公而忘私，对党无限忠诚，如果儿子"逃港"，父亲如何面对他人的质疑？如何向组织交代？再说，整个社会风气正在好转，人们的生活逐渐好了起来，需要建房子的人也会越来越多，留下来也未必不能生活。人只要有一双手，在哪里不能打出一片天下？

思前想后，林干能最终打消了自己的想法，拒绝了好心村主任的动员，放弃了这次"逃港"的机会。即便后来他听说好心村主任搭乘的那班船顺利抵达了香港，他也没有后悔。事实证明，林干能当时的决定是正确的。随后不久，党的十一届三中全会召开，深圳建设经济特区，改革开放成为大势。没过几年，不少曾经费尽心思"逃港"的东莞人，换了个身份又开始一个个回到家乡。

由于当时新民村的新屋基建已经基本完成，加上村里的人大部分都"逃港"离开了，村里显得人烟稀疏，没有多少建屋的需求了。于是林干能把此前的新屋工程收了尾，便打点行装返回了厚街双岗村。

转折性的1978年

在林干能看来，1978年不仅对中国来说是转折性的一年，对他个人而言也是极为关键并有特殊意义的一年。这一年，他组建了自己的建筑工程队，迈出了他创业的第一步。

对于中国人来说，1978年无疑是划时代的一年。5月11日，《光明日报》上刊登了一篇文章，题为《实践是检验真理的唯一标准》。文章指出："凡是有超越实践并自奉为绝对的'禁区'的地方，就没有科学，没有真正的马列主义、毛泽东思想，而只有蒙昧主义、唯心主义、文化专制主义。"这篇文章一出，新华社、《人民日报》、《解放军报》等众多党报和媒体全文转载，随即在全国范围内引发真理标准的大讨论。这为随后召开的中国共产党十一届三中全会做足了充分的思想准备。

12月8日，中国共产党十一届三中全会召开，会议重新确立解放思想、实事求是的思想路线，彻底否定"两个凡是"，停止使用"以阶级斗争为纲"的口号，否定了"无产阶级专政下继续革命"的"左"倾错误理论，提出"全党工作的重点应该从1979年转移到社会主义现代化建设上来"，并对如何改革开放进行了探讨，明确提出了"改革、开放、搞活"的重大战略方针。

经历多年"以阶级斗争为纲"的中国人民，面对这次中华人民共和国成立后党的历史上具有深远意义的伟大转折，大多数人清晰地感受到了变革钟声，但仍有许多人内心犹疑且懵懂。经过各种运动和"十年动乱"后，人们对政策的理解变得小心而谨慎，尤其对于广大农民来说，他们的感受更加朴素而直接：政策变了，要怎么变？变了能过上吃饱穿暖的好日

耕耘岁月
一个东莞农民的创业之路

子吗？为此，他们凭着质朴的本能，感受着国家政策的细微变化，悄悄地开始自下而上的探索。1978年12月底，安徽凤阳县梨园公社小岗村生产队18户社员向彼此托付孩子和家人，签下生死状，按下粗糙的手印，将集体的田地分给各家各户，由此拉开了中国家庭联产承包责任制的序幕。

而在祖国南海之滨，则已如同清风吹皱一池春水，一些政治嗅觉灵敏的人也早已走在了时代的前列。1978年7月6日，国务院针对广东、福建两省制定了《对外加工装配和中小企业补偿贸易办法试行条例》。7月15日，更名为《开展对外加工装配业务试行办法》后下发，人称"22号文件"。文件下发后不久，广东省决定在东莞、南海、顺德、番禺、中山5个县先行试点。

1978年7月，港商张子弥与东莞县二轻工业局局长钟润在莞城见面交谈后，前往太平镇考察。7月15日，"22号文件"颁行。此后半个月内，张子弥前后两次前往太平镇洽谈合作。8月30日，东莞县二轻工业局与张子弥的香港信孚手袋有限公司签订投资额300万港元的来料加工合同，合作兴办太平手袋厂。这是中国内地第一家对外来料加工厂，不仅是东莞外向型经济的起点，也是中国"三来一补"和加工贸易的起点[1]。

事实证明，张子弥做对了。太平手袋厂创办当年便获得加工费100万人民币，创汇60万港币，成为"东莞模式"的雏形。东莞人由此饮到了对外加工的"头啖汤"，走出了一条独具东莞特色的外向型经济发展之路。

在紧邻东莞的宝安县，则有一位名为袁庚的东江纵队老战士，带着一群人把目光投向邻近香港的沿海蛇口、沙头角、盐田、大鹏一带，打算在那里选择一块地筹建出口工业区，建立一批与交通航运相关的企业，把工业区建成一块改革开放、带领人们过好日子的试验田。

1978年底，林干能结束长安新民村的建筑活，回到了厚街双岗村。

未来何去何从？林干能陷入了沉思。那时候双岗村服务站已经解散，

---

[1] 中共东莞市委党史研究室. 敢为人先 走在前列：太平手袋厂成立的政策背景、经过及影响[N]. 东莞日报，2021-12-6（A08）.

成家立业

社员们也开始私下讨论分田到户的事情。经过在长安新民村一年多的建筑生涯，林干能充分发挥心灵手巧的特长，凭着多年从事泥水工练就的手艺，已经琢磨出一套独特的建筑装修经验，尤其擅长在建筑上点缀花草、线条和线塑等锦上添花的建筑工艺，这使他承包的建筑工程显得格外实用且精致。由于手工一流，技艺超群，他在当时的行业里有着很好的口碑。在此期间林干能的思想也变得更加开放和成熟，他很快意识到：在建筑这个行业里，一个人手艺再好，单干也只能赚一份钱。如果以后政府能够允许"分田到户"，有手艺有门路的可以自主经营，社员们的生活条件一定会越来越好，建房子的人也会越来越多。不如拉上亲戚和朋友，组建一支建筑工程队？

说干就干！林干能在回乡之后，立刻拉上几个亲戚朋友成立了一支建筑工程队。工程队有泥水工、木工等，多数人跟他在长安新民村一起干过活，有很好的手工和良好的口碑。工程队成立后，许多邻近公社、大队的社员纷纷找他们建房和装修，尤其以沙田公社的工程最多。当时沙田镇因为有香蕉、渔业等农副产品出口到香港，社员们的生活条件比别的地方稍好，建房子的人很多，有些甚至还自己找上门来，工程一单紧接一单。这让林干能倍感自豪。

时间在努力奋斗中过得格外快。林干能的建筑工程队在沙田公社一干就是大半年。一晃到了1979年年中，他们承接了西太隆大队部的一个装修工程，当时泥水工是按大工每天2.5元、小工每天1.1～1.2元收取报酬。西太隆大队经济条件较好，队里不仅有几口鱼塘，还养猪，所以给工程队提供的伙食也非常不错，林干能倍感舒心。经过这么多年，他终于可以带着自己的工程队踏踏实实干活赚钱，不仅改善了家里的生活条件，还凭着自己的努力和能力积累了良好的口碑，得到了邻里乡亲的认可。这让他由衷地觉得，时代真的不一样了。

时机来了

1979年的中国，已开始呈现出全新的气象。

1月1日，《人民日报》《解放军报》以及《红旗》杂志联合发表社论《把主要精力集中到生产建设上来》，社论强调：解放思想，拨乱反正，恢复实事求是的思想路线，纠正以阶级斗争为纲的"左"倾错误，平反冤假错案，落实干部政策，把全党的工作重点转移到社会主义现代化建设上来，实行改革开放总政策。

1月31日，中央批准了广东省和交通部的联合报告，决定在深圳蛇口设立工业区。蛇口工业区成立后，大力推进建设。7月8日，蛇口工业区基础工程伴随着惊天动地的爆破声正式破土动工。在后来学者的研究中，记述到"炸山填海的开山炮如同惊蛰的第一声春雷，被誉为中国改革开放的'第一炮'"。蛇口工业区率先进行了多项经济和行政管理体制改革，为创建经济特区探路，被认为是中国改革开放的试验田。

7月15日，中共中央、国务院批转广东省委、福建省委关于对外经济活动实行特殊政策和灵活措施的报告，决定先在深圳、珠海试办出口特区，待取得经验后，再考虑在汕头和厦门设置特区。深圳这个南海之滨的小县城，由此开始成为受全世界瞩目的焦点城市之一。

受父亲的影响，林干能从小就十分关心国家大事。随着时代转变，善于思考、触觉敏锐的他本能地意识到，国家政策正在发生越来越有利于人民的改变，而且步子很大，所以他格外关注报纸和广播中的新闻大事。在西太隆大队部做工程时，他经常在休息时到大队部看报纸，那时候的报刊

成家立业

主要以《人民日报》为主。渐渐地，他发现报纸上关于经济发展的消息越来越多。有一天中午休息，他又像往常一样找来《人民日报》认真阅读，突然发现有篇文章当中提到：要让人民群众生活富裕起来。"富裕"两个字让林干能精神一振。对于每一个走过三年困难时期、经历过"割资本主义尾巴"、饱受十年"文化大革命"之苦的中国人来讲，这是一句多么令人振奋的话！这句话是此前报纸上从没明确提出过的新说法。中央越来越清晰的政策导向让林干能开始思索：国家引导人民群众劳动致富，那么要怎样才能富起来呢？

随着深圳经济特区成立，对外开放的窗口进一步打开，深圳逐渐由出口加工区调整为工业、商业、旅游业等综合发展的经济特区。借助中央给予特区的优惠政策，深圳在引进一批港资"三来一补"企业的同时，也吸引了大量内地外贸国有企业到深圳设立外贸窗口，从而迅速成为外贸进出口的重要通道和基地。一些嗅觉灵敏且富有冒险精神的创业者纷纷前往深圳寻找机会。林干能身边好几个曾一起做建筑的兄弟也去了深圳寻找致富的门路。那时的林干能还不太清楚经济特区究竟是怎么回事，但他通过看报强烈地意识到：经济特区"特"在政策，"特"在有更多的机会！人只要有一个灵活的头脑、一双灵巧的手和一副强壮的身躯，只要有机会，还怕找不到致富的门路吗？

林干能听先去深圳做工的兄弟介绍，1979年3月5日宝安县改为深圳市，并设立深圳经济特区，开始在罗湖、南山、蛇口一带大规模搞开发，不仅搬掉了蹲踞在罗湖关口附近的罗湖山，还建了好些楼房和大厂房，一些胆大的香港老板已经开始在深圳办厂。这些大规模的城市建设使得深圳亟需大批基建队伍，虽然国家派出了基建工程队进入深圳参加建设，但依然不能满足全部需求。

又由于前些年趁着地理便利跑去香港谋生的深圳人很多，现在政策松动,他们开始陆续回乡。隔着一条深圳河见识过香港高楼大厦的深圳人有了钱,当然首先是给家里建一栋漂漂亮亮的楼房。故而深圳居民建房的需求也十分旺盛。因此,建筑业在当时可谓深圳最热门的行业之一,而这又是林干能最擅长且十分自信的领域。他想过了,虽然这些年他的建筑工程队在本地积累了很好的口碑,不缺活干,但东莞的经济水平和政策环境比起深圳存在很大差距,无论承包工程量还是收入水平都不可同日而语。在东莞养家糊口、保证温饱应该没有问题,但要致富,还得去深圳。

去深圳!林干能打定了主意。

深圳岁月

SHENZHEN SUIYUE

想办法去深圳

小工程大挑战

首战告捷

东莞仔技术不错

梦想拥有一台17寸的黑白电视机

试着合伙搞运输

是时候给家里建栋房子了

不适合开拖拉机

遇到大老板

大难不死

想办法去深圳

林干能打定主意要去深圳之后，便开始考虑怎么去深圳以及去到深圳以后怎么办。30岁的林干能，经历了生活的历练和岁月的打磨，已经蜕变为一个头脑灵活、思想成熟、做事稳重的建筑工程队领头人。这一次他没有贸然前去深圳，而是先托朋友帮忙介绍。之前他打听到有个好兄弟的老表几年前就已经去深圳南头做木工，常接一些维修等的小工程，已发展得不错。而且这个老表有个亲戚在南头一个机关单位上班，有一定的身份和社会关系，找这位老表就意味着找到了一个相对确定的消息来源，可以为自己在深圳立足增加一分把握。于是，1979年10月，林干能托这位兄弟帮忙介绍，寻找在深圳发展的机会。

正巧当时这位老表的亲戚在建一栋两层半的楼房，整体结构和室内装修已基本完成，只剩下一个比较复杂的门面希望使用当时最流行的水刷石装修技术。由于之前承包这栋楼房的建筑施工队没有掌握这一技术，无法完成此项任务，老表便问林干能的工程队能不能接这个活。林干能听闻后心里一动，觉得是个机会，他不置可否，而是提出过深圳去看看。

东莞与深圳接壤，林干能的家乡厚街双岗离深圳直线距离不超过30千米。由于当时深圳已由宝安县升格为深圳市，蛇口正如火如荼地进行出口工业区建设，因此人员进出管理较为严格，每个人进入特区必须携带通行证。

深圳与东莞有着深厚的历史渊源。深圳的前身宝安古代属东莞管辖，明万历年间设新安县后方从东莞分出。民国时期新安县改名为宝安县，中华人民共和国成立后宝安县县名不变，与东莞县同属惠阳地区管辖。1978

年8月，惠阳地委向广东省委提交了《关于宝安县改为深圳市的请求报告》。10月18日，广东省委常委会议决定改宝安县为地级宝安市。但惠宝两级党委皆认为通往香港的深圳口岸闻名遐迩，而宝安县则少有人知，所以建议改市应该更名为"深圳"更为合适。1979年1月23日，广东省革命委员会提出《关于设立深圳市和珠海市的决定》，提请国务院改设宝安县为县级深圳市，接受广东省和惠阳地区的双重领导。同年3月5日，国务院批复同意改设宝安县为副地区级深圳市，以宝安县辖域为深圳市辖域，下设深圳、南头、松岗、龙华、龙岗、葵涌六区。1980年8月26日，深圳经济特区成立，范围为今罗湖、福田、南山、盐田四区。

1980年代，国家的户籍管理制度尚不完善，当时人员流动全靠人工管理，乘车、住宿、购物、办事都需要持有地方证明或介绍信，尤其出差，必须由大队或公社批准，凭开具的介绍信乘坐交通工具和住旅店。虽说20世纪80年代以后政策有了松动，人们外出务工不需要动辄开具证明，但要前往国家划定的经济特区，没有充分的理由，想要办通行证也并不容易。那时解放思想、发展生产的口号和思想已深入民心，但如何解放思想、发展生产，在基层农村依然存在许多障碍。很多基层干部受过去的惯性思维的影响，短时间内未能理解国家新的经济政策。尤其1979年前后"逃港"之风盛行，东莞县各个公社流失大量劳动力，基层干部面对人员外出颇为谨慎。

面对严格的人口流动管控，林干能一筹莫展。但办法总比困难多，林干能不得已找到曾与父亲共事的双岗大队保卫主任，他以父亲的党性作保，并承诺只到深圳承包建筑工程，绝不"逃港"。保卫主任看在林干能父亲一贯大公无私、坚持党性的前提下，勉强答应帮他本人及工程队每次办理5张特区边防通行证，林干能对此十分感激。

在父亲同事的帮助下，林干能顺利办好了前往深圳的边防通行证。当

耕耘岁月
一个东莞农民的创业之路

时办理通行证的手续比较繁琐，林干能决定自己先到深圳打探情况，看看能否把老表亲戚的那项工程接下来。如果可以，接下来一切都好办。几天后，当林干能终于拿到人生中的第一张边防通行证时，他兴奋不已。此时，他也许还没意识到，他的人生的关键转折点即将到来。

小工程大挑战

拿到通行证后，林干能带着老表的介绍信一个人先去了深圳南头考察。初抵南头时，他的内心忐忑不安。事实上，当时对他而言水刷石技术是一门全新的建筑技术，甚至据他了解整个东莞都没有几个建筑工程队能把它做好。而老表亲戚的要求也比较高，希望楼房的拦河、樑底、线条等都采用水刷石技术。

水刷石是一项传统的建筑施工工艺，它能使墙面具有天然质感，而且色泽庄重美观，饰面坚固耐久，不褪色，也比较耐污染。制作过程是用水泥、石屑、小石子或颜料等加水拌和，抹在建筑物的表面，半凝固后，用硬毛刷蘸水刷去表面的水泥浆而使石屑或小石子半露在外。因施工过程浪费水资源且对环境有污染，如今墙面已经很少采用这种传统的装饰。但在20世纪七八十年代的中国建筑装修行业，水刷石技术是当时最先进、最时髦的建筑装修工艺。林干能和他的工程队此前虽听说过水刷石技术，却从没见过，更别提做过了。他们之前在东莞承接的建筑装修工程，虽然已经采用水泥等新型建筑材料，却从未使用过这种时髦的装修技术，只听说过很有名气的东莞虎门建筑公司可以做到，但这在当时显然成为他必须攻克的技术难题。接还是不接？林干能犹如站在一个十字路口：接的话难度十分大，可谓是个大考验；不接的话就只能打道回府，继续窝在东莞做小工程赚点小钱。

林干能不愿意放弃闯荡深圳的好机会，更重要的是，作为热爱建筑业的手艺人，他对新技术有着天然的征服欲，内心自然而然地升起一股不服

耕耘岁月
一个东莞农民的创业之路

输的豪气：虎门建筑公司可以做到的事，我们为什么不能做到？他想去亲眼看看别人是怎么做水刷石的，他相信只要看一下施工现场，再好好琢磨琢磨，假以时日，他一定能学会这门流行的建筑装修技术。正巧老表亲戚的小楼旁边有一座也是做水刷石门的建筑，而且与这一座小楼的规格、建筑形态都一样。当时这栋楼房的建筑和装修已经全部完成，施工质量非常好，是一个高水准的作品。林干能见此十分兴奋，四处打听这栋楼房是由谁装修的。经多方了解，终于打听到这正是东莞虎门建筑公司一名已退休的大师傅做的。通过仔细观察这栋建筑，林干能大致知道了水刷石技术是怎么一回事，心里有了底，他觉得自己也能做好。再说，既然东莞虎门建筑公司的师傅能做，厚街和虎门离得那么近，去找那个大师傅学一学也不难。林干能决定孤注一掷，大胆尝试，先把工程接下来再说。

这是林干能在深圳承接的第一项建筑装修工程，相比后来林干能承接的其他工程，这个工程几乎可以说小得可怜。老表亲戚的这栋小楼面积并不大，仅有80平方米的占地面积，虽说有两层半，但全部建筑面积加起来也不过200平方米，而且林干能去承接的时候主体建筑和装修已经基本完工，只剩下最难做的水刷石装修部分，工程小，难度却很大。但林干能内心十分清楚，这是他在深圳的首单工程，做好了，不仅能帮助他在深圳建筑行业立足，更重要的是他一定要攻克这个技术难题，直面这项挑战。在建筑行业，技术和人才是竞争的核心，很多时候学会一门技术，远比赚钱更重要。那时候林干能心里只有一个念头：决不言败！

后来提到当年在深圳接的首单工程时，林干能仍十分感激老表的亲戚对他的信任。那时他虽从事建筑装修多年，也有自己的施工队，但只在临近东莞的几个公社承接了一些小项目，工程小、技术含量低；而深圳与香港只一河之隔，无论是建筑技术还是装修理念都更先进、更国际化。林干能心里十分清楚，老表的亲戚之所以将这项工程交给他们，一方面当然是因为他相信自己的亲戚，认为亲戚认可的人的技术水平和为人肯定不会差；另一方面，他也相信林干能有能力干好这件事，因为他的小楼旁边那栋楼房便是东莞虎门人做的，说明东莞的工程队可以掌握这项技能。

那次林干能仅仅在南头逗留了一夜，工程接下来之后，第二天他便马不停蹄地赶回东莞，以便尽快组织工程队人员到深圳施工。当时离新年仅两个多月，他们商定要赶在元旦前把这栋两层半建筑的门面彻底完成并交付使用。对于能否在工期内圆满完成施工，林干能内心还是有些担忧的：虽然工程面积不大，但要采用从未接触过的水刷石技术，施工难度大，这对于他来说是一次很大的考验，自己和工程队的兄弟们能否很好地完成？另外，还有边防通行证的问题，工程需要几个人？要办几张边防证？万一办不下来怎么办？对于种种担忧，林干能心里都没有确切的把握，因此在决定接下这个工程之后，他一刻都没有耽误，立即赶回东莞安排。

回到东莞后，林干能首先做的是挑选前往深圳的施工人员。当时他的工程队一共有20多人，大多是自己的亲人和朋友，个别已经跟着他一起干了好些年。谁能胜任深圳这项工程？谁有这个潜力？未来要培养谁掌握这门技术？这些问题都在林干能的考虑范围之内。经过商量，林干能最后确定让两个舅仔、三弟林淦泉与儿甥及他自己共五人前往。以今天的现代企业管理模式来看，林干能首次前往深圳创业组成的这个小组，成员构成是极为传统的家族模式。但在当时，这是最适合初期创业者的一种本能选择。由于组成人员都是至亲，大家彼此好沟通，容易抱团拧成一股绳，做好了则肥水不落外人田，做得不好大家也不会互相埋怨。

确定了人员之后便加急办通行证。非常幸运的是，得知林干能是到深圳做建筑工程，大队和派出所没有耽搁，一周后几个人的通行证便都办了下来。1979年10月中旬，不到30岁的林干能用单车驮着行李，怀着喜悦又志忐的心情，怀着发家致富的美好愿望，带着由几个至亲组成的建筑小分

耕耘岁月
一个东莞农民的创业之路

队出发前往深圳,开启了他一生最重要的深圳创业之路。

那时交通不便,从厚街到深圳只有一条凹凸不平的泥土路,不下雨的时候尘土飞扬,下雨的时候泥泞不堪。那时厚街没有直达深圳的班车,再说他们也不舍得花钱,于是他们决定骑单车前往。他们骑的是当时常见的五羊牌二八大横杠自行车,笨重高大,虽然骑起来速度快,但很费劲,尤其对腿短的小个子来说并不好骑,因为跨坐时脚通常够不到踏板,只能一条腿斜过横杠踩着另一侧踏板,然后侧着身子站在单车踏板上蹬车前行。他们一行三大二小,把装着行李和干粮的麻袋拴在单车横梁上,早上8点从厚街家里出发,顶着烈日,一路不停地赶往深圳。

广东十月的天气依旧很热,尤其到了中午,火辣辣的太阳炙烤着大地,路边那些原本绿油油的香蕉叶片似乎都被晒得发白。当时,林干能的三弟林淦泉年仅15岁,刚刚初中毕业,因营养

▲《特区建设者》画作(何炽佳 1982年绘)

不良而个子矮小,一眼看上去还是青涩稚嫩的少年模样。由于个小腿短,大多数时候只能一条腿斜穿过单车的三角架站着使劲蹬车。林干能跟在三弟后面,看着他矮小的身躯费力地蹬着车,蓬乱的头发湿漉漉地粘在脑门上,薄薄的汗衫早已湿透贴在纤瘦的肩背上,更显得瘦骨嶙峋,他不由得

一阵阵心酸，忍不住要掉下泪来。他想起了自己刚刚毕业时在生产队出工，想起自己在沙田劈柴时受伤，想起那些为了养家糊口而劳心劳力的日日夜夜……他多么希望这次去深圳能够顺利完成首单工程，然后在那里立足发展，让跟着他干建筑的每一个亲人、每一个兄弟都能多赚钱改善家庭生活，哪怕不能发家致富，至少能让家里人吃饱穿暖，再也不用过挨饿受累的苦日子。

当他们一鼓作气赶到深圳南头边检站时，已经是下午3点。7个多小时的骑行让他们疲惫不堪，但他们的精神却十分亢奋。他们都清楚，在他们面前的虽然只是一道边检，但内外世界却有很大不同，迎接他们的将是一个全新的开始。这种感觉让林干能不由得联想起那些曾不顾一切偷偷前往香港的人们，那些人当年一定也如同他一样，对将要踏入的土地满怀期待和憧憬，对未来充满希望。只是今天的他们再也不用像前者那般偷偷摸摸，而是可以光明正大地踏进这方特区，可以凭自己的双手为家人开创美好的未来了！

首战告捷

过了边检走进深圳南头,林干能便马上去找那位老表。那位老表在南头一个小村子里租了间农房,他们4点左右便到达出租屋门口,差不多2个多小时后老表才收工回来。老表是知识分子,为人十分诚恳好客,见到林干能一行如同对待自家人一样,不仅端茶递水招呼他们,晚上还热情地请他们吃晚饭。林干能至今都清楚地记得老表那晚请他们吃的罐头午餐肉,那是他此前从未见过和吃过的美味食品,特别好吃!这次记忆如此深刻,以至于多年以后,即便他吃惯了各种山珍海味,却依然还记得那时吃罐头肉时留在舌尖的味道。

老表是个知识分子,当时已收入不少,衣着体面,一看就知生活过得不错。面对热忱大方的老表,林干能非常感激且由衷敬佩,并由此对知识分子形成了很好的印象。感激之余林干能还隐隐有些自惭形秽,相比老表干净整洁、彬彬有礼的形象,当时的他因为骑了7个小时的单车,不仅人看起来风尘仆仆、蓬头垢面,脏兮兮的单车上还挂着用透明胶袋装着的棉被等行李,以及锄头、铁铲、灰斗等一堆凌乱建筑装修工具。尤其单车上挂着的那个透明胶袋,林干能至今回忆起来都觉得尴尬。那时透明胶袋在农村并不常见,所以被村民们当作方便时髦的好东西。林干能家里原本并没有这样的时髦货,是村里看管仓库的村民见他要到深圳发展而特意送给他的,为此他还觉得欠人家一个大人情。但进了深圳,面对体面的老表,他突然觉得用透明胶袋装棉被实在很傻,似乎别人透过胶袋看到的不是棉被,而是从贫穷农村带出来的寒酸和土气。那一刻,他清晰地感受到落后与先进、贫穷与富裕之间的巨大差距,以及这种差距带来的强烈自卑感,这在他心里产生了巨大的冲击。他暗暗发誓,一定带着大家在深圳好好干,不仅自己要努力做一个像老表这样的体面人,还要让家人、亲人们都成为体面人!这种想法在林干能的心底生根发芽,并逐渐长成参天大树,成为他日后排除万难、艰苦奋斗、坚持不懈的驱动力。

晚饭后,老表帮他们在南头附近不远的地方租了一间小房子住下来,第二天便带着他们到亲戚的楼房前查看场地,并做开工装修前的各项准备工作。林干能此前已全面勘察过这栋小楼,通过观察隔壁楼的装修,对水刷石技术也有了初步了解。他目前要做的是跟大伙再做仔细研究,对水泥、沙、石灰等所需材料做好精确配比,并就施工工艺做初步测试,力争一举成功。其他四人从来没见过水刷石技术,但他们相信林干能,更清楚如果这项工程做得好,以后就可以留在深圳发展,做得不好便只能出局返回东莞,因此他们都下定决心孤注一掷。他们约定:决不言败!

正因为5人都抱有只许成功不许失败的心理,林干能以无比认真的态度去对待这项工程。在施工前,他们多次前往隔壁楼认真观察、仔细研究,并进行小面积的实验,做好充分的施工准备。他们研究后总结,施工材料应使用强度较高、稳定性较好的水泥,底层或垫层的砂子和面层的石子应清洁无杂质,砂子使用前要过筛,用于面层的石子颜色要尽量一致,这样表面才会好看。施工有好几道工序:首先要做基层处理,将表面的杂物清理干净并刮平;接下来是抹砂浆,抹砂浆之前还要润湿墙面,确保垫层平整紧实;最后是面层施工,面层施工有好几道工序,每一道工序都十分关键,直接关系到装修最终的质量和效果。由于林干能也是一边摸索一边做,因此格外用心和严谨。他们认真商量施工环节,对施工中的每一个关键细节都小心对待,力求精益求精,臻于完美。功夫不负有心人,经过半个多月的不懈努力,他们终于掌握了水刷石技术,然后顺利开工并如期

耕耘岁月
一个东莞农民的创业之路

完成装修工作。

由于采用水刷石技术装修的楼房外形美观，坚固耐久、耐污染，不仅看起来洋气，还十分耐用，因此很多打算建楼房或装修的深圳人都想用这一技术装修自家房子。工程完工时，很多当地的村民前来围观。经过仔细观摩和对比，街坊邻居们一致认为，对比隔壁同样采用水刷石技术装修的楼房，林干能他们装修的这栋楼从效果到质量丝毫都不逊色。如果满分为100分，他们这个工程可打90分，而且整个工期只用了不到一个月时间，可谓又快又好。听着街坊们的评价，林干能和兄弟们长吁了一口气。

林干能至今还能清晰回忆起老表亲戚验收工程时的情景。当时已临近元旦，广东终于有了北方秋天的感觉，天气很好，太阳暖融融地照在刚装修好的楼房上，更显得整栋楼熠熠生辉。看到老表亲戚脸上满意的笑容，听着前来围观的街坊邻居们的称赞声，林干能内心的成就感和自豪感油然而生。村子里第一座采用水刷石技术的楼房是东莞虎门建筑公司做的，第二座就是林干能他们做的，他们用事实证明了东莞人的技术水平。当初老表亲戚之所以愿意将这个装修工程交给林干能，很大程度上是因为他相信林干能，相信东莞人有这个技术和能力。现在，他们真的做到了，没有辜负老表亲戚对东莞人的期待！

林干能的这项工程给老表亲戚以及当地村民留下了非常好的印象，一些计划建房和装修的村民纷纷向老表和其亲戚打听他们。元旦距春节仅不到一个月时间，有街坊直接找上门请林干能留下来，希望他们赶在春节前用水刷石技术给他们做装修。林干能和弟兄们乐于被街坊们信任，便抓紧时间干活，在元旦后又完成了两单小装修，余下几单商量好过年后回来再开工。返回东莞前他们一算这一个多月的收入，居然有近400元！这在当时他们的眼里，已经是一笔十分可观的"巨款"，差不多是他们在东莞做建筑工程半年的收入。

春节前几天，林干能5人骑着单车踏上回乡的路。南国的冬天，太阳暖洋洋地普照大地，田间林地依然绿油油一片。一行5人轻快地骑着单车，内心充满了喜悦和兴奋。一分耕耘一分收获，他们由衷觉得所有的辛劳都是值得的。初到深圳闯荡，他们不仅获得了丰厚的收入，最重要的是在深圳南头留下了良好的口碑，为今后在深圳发展建筑事业打下了良好的基础。刚来时的忐忑不安早已烟消云散，此刻充盈他们心中的只有欣慰和希望。他们相信，所有的努力和坚持都会得到相应的报酬，只要继续努力，以后的日子一定会越来越好！

东莞仔技术不错

　　由于过年前在深圳南头就已确定了几项建筑装修工程，春节刚过，林干能又筹划着前往深圳南头。因为工程增多且口碑好，林干能决定将原来的五人小分队扩大到十人小组。第二次踏进生活富裕、民情纯朴的古老村落——南头，林干能已经没了第一次来时的拘束与忐忑，而是多了许多自信和从容。

　　林干能一行来到南头时，由于人多，且刚到深圳还没有收入，租房对他们来说经济压力很大。老表亲戚因林干能给他做的装修又快又好，对林干能十分欣赏，见他们人多，又是刚来深圳还没有收入，经济承受能力十分有限，为了帮助他们渡过难关，便将自家空置的老房子免费提供给大家居住。这栋房子虽然有些陈旧，但有两层阁楼，足够安顿他们所有人了。老房子是水泥地板，屋内没有桌椅和床铺，但他们舍不得买床，直接在水泥地板上铺一张草席，用红砖作枕头，十人并排直接睡在地上，算是解决了住宿问题。但除了住宿之外，十个青壮年劳动力每天的饭钱也是一笔相当大的开销。林干能决定带大家先过一段节俭日子，等赚了钱再改善生活。为了节省开支，他们安排一个专人在工地做饭，当时林干能规定每天吃两餐，每天每人六角钱伙食费，并要求在市场采购一些便宜的无头小鱼仔、香肠等食材，能充饥即可。这样的生活持续了好几个月，直到他们承接的工程陆续回款后才逐渐好转。

　　那时林干能面临的另一难题是出入深圳的边防通行证的时效问题。关于边防通行证，林干能曾有过十分深刻且不甚愉快的记忆。由于当时特区通行证有效期只有7天，超过时间便是非法滞留，被公安查到后需遣返原籍，而他们在深圳承接的建筑工程大多数需要一个月以上。为了节省人力物力，他们只能铤而走险，每个月回东莞重新办理一次。在这期间他们不得不提心吊胆、战战兢兢，除了开工，其他时间尽量躲在宿舍不出门，以免被派出所的公安抓个正着。

通行证过期问题一度是林干能在深圳创业时的最大困难。尽管他和兄弟们十分小心谨慎，避免外出，但因为特区管理严格，他们还是常被派出所传唤。林干能还记得有一次他们被带到派出所问话，那时派出所的公安人员普遍素质不高，面对衣衫褴褛的外来务工人员态度十分粗暴。当时公安要求他们填写一张表格并用浆糊贴上照片，建筑工人干活粗手粗脚惯了，不小心弄翻了浆糊，办理人员十分不满，当即对他们恶语相向。林干能那时年轻，虽出身农村，但一向自强自立、谨守本分，从不愿落他人口舌，眼见被公安大声呵斥，内心觉得十分屈辱。林干能想不明白，他们是在这个城市谋生的建筑工人，虽不是深圳本地人，但也只不过来自邻县，甚至说的还是同一种方言。他们依靠自己的双手踏踏实实、勤勤恳恳地劳动，建设的是这座城市，服务的是这座城市的人，凭什么要遭受公安人员那样令人难堪的辱骂？为什么不能对外来务工人员多一点体谅和尊重？这虽然看起来只是一件小事，却在林干能心里留下十分深刻的印象，他当时一连几天都十分难受，食不下咽。也是从那时开始，他内心刻下了对底层务工人员由衷的怜悯和同情。正是这份怜悯和同情，使他在事业发展壮大后深刻地理解何谓人性化管理，何谓以人为本。

回忆初期深圳创业的经历，林干能记忆犹新并充满感情，除了在派出所那次留下的不愉快记忆，说起当初做的工程和收入，林干能津津乐道，语气中带着无法掩饰的骄傲和自豪。其实，当时建筑队所接到的工程项目与他后来开拓的事业相比可以说是微不足道，但听他将当年创业的经历娓娓道来，依然可以让人感受到他作为一个优秀企业家骨子里拥有的追求卓越、绝不言败的精神。

"刚开始时我们接了两间老泥屋的改建，做法是包工不包料，人工费每平方16元，工程包括搬迁、拆屋、做木工和屋门口的水刷石等。有了建设第一套房子的成功经验，我们对水刷石技术已驾轻就熟。这个工程包拆包建，从搬迁到工程完成交付使用，总工程量非常大，但收入可观，比东莞类似的工程要高几倍，大工每天可赚15~16元，小工每天也有8~9元；而当时在东莞，大工收入每天不到3元钱，小工仅1元多。所以虽然艰难、辛苦，但兄弟们依然很卖力。我们农民出身，什么活没干过？什么苦没吃过？我们不怕吃苦，也不怕受累，只要有希望，多大的苦也能吃，多累的活都能干。"林干能说。

当时在深圳南头承接建筑工程有两种方式，一种是包工不包料，另一种是包工包料。其中包工不包料的工程承包方只负责施工，赚人工费，房主自己买材料；包工包料则是工程承包方全盘负责材料和施工，房主只管收房和结算。最初时林干能手头缺乏资金，没有足够的钱承接包工包料的项目，接的大多是包工不包料的工程，短短几个月时间就完成了好几栋楼房的建设，虽然赚钱少一些，但不用垫付资金，没有资金压力。一段时间后林干能手头有了一定资金，开始接一些包工包料的工程，除了赚取人工费之外，还可多赚一份购买材料的工时费和手续费等。从1981年开始，手头积累了一些资金的林干能基本只做包工包料的工程了。林干能工程队承包的工程质量好、完成的效率高，因而颇受当地人青睐，很多业主都找上门来请他们施工。

深圳南头与香港隔河相望，中华人民共和国成立前两地相通，很多南头人前往香港谋生。中华人民共和国成立初期边境戒严，附近村落的"逃港"现象依然时有发生，大多数村民都有亲人在香港生活。改革开放后，在香港谋生的南头人开始自由往返深港两地，将在香港赚到的钱带回家乡补贴家用，因此很多南头人的家庭经济比较富裕，建房装修的也特别多，又因为不差钱，在议价时也很干脆、爽快。那时大家对建房或装修并没有所谓风格和个性上的要求，一般都是参照左邻右舍已建成的房子，若觉得好看，便从建筑风格、尺寸、高度各方面加以模仿，因此有时候整条村的房子差不多都建得一模一样，就像事先规划好的一样。林干能心灵手巧，头脑灵活，虽没有经过严格的专业训练，但他只需稍稍围着一套房子转一圈，再到内部探查一番，就可以大致掌握整栋建筑的基本结构。他不仅知道怎么建，甚至还能绘出一份简单的图纸，再加上详细的说明，让业主们一看就觉得他们非常专业，可以放心将工程交给他们。

林干能骨子里有认真细致、追求完美的特点，每接一个工程都亲力亲为，和业主详细商量，征得对方的同意，双方达成一致后签字，然后再开始正式施工。多年的建筑生涯让他深知从事建筑业最关键的是安全和质量，最重要的是技术和口碑，因此他要求所有工程队成员都严肃认真对待每一个工程，做好每一个细节，严格按质按量按期交付工程项目。

为了按期交工，也为了多接工程多赚钱，林干能和建筑队的兄弟们夜以继日，每天工作十小时以上，午餐、晚餐都是在工地上就地解决。广东夏季漫长炎热，太阳特别猛烈，他们每天在烈日下汗流浃背地施工，很多时候连水都顾不上喝，特别口渴时也只是就近找到自来水水龙头喝水解渴。他们依旧保持着在农村时的出工习惯，一般要到天黑不能干活时才收工吃晚餐，再各自拖着疲倦的身躯步行回宿舍。林干能看到兄弟们一个个疲惫不堪的模样，很是心疼，尤其是跟着他一起干活的三弟林淦泉，彼时才16岁，正是长身体的年龄，因营养不良而身体格外单薄瘦小，却每天和建筑队里的青壮年男人一样，承受着高强度的建筑活。林干能看在眼里，疼在心里，却也无可奈何。为了生活，为了以后能过上好日子，即使是亲

耕耘岁月
一个东莞农民的创业之路

弟弟，也得狠下心来让他学会吃苦耐劳，学会用自己的双手为自己挣得美好的将来。

由于林干能非常重视工程质量，而且严格按合同工期交付工程，有时候甚至还会提前交付，因此大凡跟他合作过的业主，无不对他承包的工程项目表示认可和满意。一年后，林干能的建筑工程队在深圳已经很有名气，承包工程已经不限于南头范围，由于合作过的业主们口口相传，蛇口、后海、南山等区的一些业主也慕名找到他，因此他完全不用担心接不到工程。由于深圳经济特区建设加快，当地建房的工程费开始提升，大家的收入也跟着水涨船高。到1982年后，包工包料的工程结算和分配承包费用时，建筑大工每月已可收入2000～3000元，小工每月也可收入近千元。

赚到钱后林干能首先考虑的是提高兄弟们的伙食水平。之前因为初到深圳经济困难，每个人每天两餐的伙食费标准仅0.6元，赚到钱后便提高到了1元。当时在深圳，1元的伙食标准已经不仅可以吃饱，还能保证每天都能吃上一顿荤菜。20世纪80年代的中国，虽然已经改革开放，农村也已经实行家庭联产承包责任制，但大多数农民还在温饱线上挣扎，能吃饱饭已经很好，每天有肉吃的日子还只停留在理想上。因此，林干能和弟兄们当时对每天1元的伙食标准非常满意。不过他们当时也仅仅是稍稍改善了一下伙食而已，毕竟每天干的都是体力活，营养跟不上便没有力气，其他方面的生活条件依旧很差。那时候没有现在固定工作时间之类的说法，采用的是千百年来中国农民日出而作、日落而息的方式，每天天刚亮便上工，太阳不落山不收工，甚至天黑了也要做好明天的准备工作才收档。当时工程队最多时有二三十人，大家住在一起打地铺，除了林干能有一辆旧单车，其他人无论工地离住所多远，都是走路回宿舍睡觉。

这样高强度的工作量、超长的工作时间，与现在的建筑施工相比简直有天渊之别，在今天看来甚至是不可思议的。但在当时，所有人都习以为常。时代在进步,社会在发展,人们对工作条件的要求以及对生活水平的期待都在不断提高,现在的年轻人大多无法理解当年的工作方式和生活方式,因为他们没真正体验过忍饥挨饿,没经历过物资匮乏,所以无法理解经历过苦难后的人们对"活着、吃饱饭、过好日子"这种最简单的基本生存需求的渴望。在经历过苦难的人们眼中,只要能吃饱饭、过上好日子,任何艰辛和苦难都不怕。时隔多年,已经成为一个管理着数千员工的集团企业董事长的林干能,每次想到这些时仍然感慨万千,对当年的艰辛岁月依然念念不忘,因而在日常工作和生活中依旧保持着亲力亲为、勤奋简朴的作风。

随着深圳经济特区改革开放的持续推进,特区内各项建设如火如荼,尤其罗湖、南山、蛇口一带,各式厂房、住房以惊人的速度拔地而起。早在1981年,在蛇口工业区最热闹的商业街上,曾悄悄树起一块标语牌,上面写着"时间就是金钱,效率就是生命"!两年后的1983年,这个标语以极其醒目的姿态出现在蛇口港码头旁并迅速在深圳乃至全国传开,成为深圳改革开放的标志性口号。这种氛围感染着每一个在深圳奋斗的创业者。作为一支已经小有名气的建筑工程队负责人,林干能对这个口号深有感触,更是将这个观念融入每一项工程中。

1983年刚过完年,林干能的二弟林正全也加入了他的建筑队伍。他们带着喜悦的心情重新踏进深圳特区,辗转南头、蛇口、后海、南山等地,所接工程大多是做水刷石工艺装修,由于接到的工程多,他们夜以继日地拼命工作。林正全加入林干能的建筑队后,一来到深圳不是与大家一起住宿舍,而是独自长驻在住宿条件很是艰苦的建筑工地,以方便掌控工地的情况,从而更好地安排每个工人每日的工作任务,以更有效地控制好工程进度。林正全的加入,对林干能和整个建筑工程队来说犹如如虎添翼,对整个建筑队的人员管理、任务分配、施工管理都起到非常积极和关键的作用。特别在团队建设和管理上,他促使工程队逐步走向更加规范、有序的管理模式,工作开展起来更加畅顺高效。这支来自东莞的建筑工程队在林干能和林正全的共同管理下,成为一支组织严密、坚强有力的建筑队伍,在当地留下了良好的口碑,为建筑工程队今后的发展打下了扎实的基础。

  由于林干能的建筑工程队承接工程的质量标准、完工时间都做得非常好,"东莞仔技术不错"成为建筑队在深圳的响亮评价,工程也因此接踵而来,远远超出他们到深圳之前的预期。工程量大了,林干能建筑工程队的人手也越来越多,到后来发展成了一支少的时候有近二十人、多的时候达三十来人的大工程队。在林干能和林正全兄弟二人的统筹下,他们在工程规模小的时候分两个队去做,工程规模大时就集中一起完成。经过合理安排,林干能和建筑队接到的工程越来越多,名气越来越大,走上了良性发展的道路,因而也对工程项目的大小、质量、价格等有了更多的选择。

梦想拥有一台17寸的黑白电视机

随着林干能的建筑工程队在深圳名气越来越大，1983年以后，他们的业务量越来越多，收入也越来越好。但他们觉得自己并没有达到富裕的阶段，依旧保持着勤俭节约的习惯。这是经历过困苦的人们的一种惯性思维，曾经的苦难经历使大家心有余悸，一时的条件改善尚不能在内心建立起足够的安全感。虽然他们依然保持着勤俭节约的生活方式，但在精神上还是放松了许多，已经不再像刚到深圳时那样时刻神经紧绷。工作之余，他们开始关注深圳日新月异的变化，饶有兴趣地了解从香港进口的各种时髦玩意，计划着回东莞时给父母、妻子和孩子带点新鲜好用的东西。

那时候林干能和建筑队的兄弟们依旧一起住在深圳南头向老表亲戚借用的老房子中，而旁边就是老表亲戚的新房。他们每天下工赶回宿舍后，各自到村里的公共水井旁洗澡。当时的南头尚处开发早期，除了一些富裕家庭刚刚兴建的两层小楼外，村子大致布局与广东其他沿海农村没太大区别。村里有公用的水井，有条件的家庭会在自家楼前打一口手摇井。夏天天气热，林干能他们在井边打上冷水冲去满身汗水，冬天温度低则只能擦一擦身。冲洗完后，大家便到隔壁老表亲戚的新屋里看电视，这是建筑队兄弟们最主要的娱乐消遣活动，每晚如此。

林干能并不常参与这个娱乐项目。偶尔去时，他会更多地留意老表亲戚家中的家具和摆设。也许是出于职业本能，他不仅对建筑技术极为敏感，对家具装饰和摆设也不由自主地加以留意，并习惯性地进行评估。新房地板采用的是高级进口材料，摆设的家具大多从香港购买或是参考香港

耕耘岁月
一个东莞农民的创业之路

款式制作，有香港电视剧中常见的漂亮沙发、高级灯饰，在当时的林干能看来，真是应有尽有，而且因为是新房新家具，更显得窗明几净、光彩熠熠。最引人注目的是一台进口的17寸大彩色电视机，这是他们在东莞从未见过的现代化家电——以前只能偶尔看一看的露天电影竟然可以缩小成为一件电器摆在家中观看，实在太诱人了！林干能看在眼里，心里无比羡慕，感叹东莞和深圳虽相隔不过几十千米，但生活水平却有天壤之别。虽说这些年在深圳做建筑，自己家里的生活条件在家乡已属不错，但跟深圳的富裕人家相比，还是有着巨大的差距。他在内心感叹，有朝一日自己家里如果也有一台17寸电视机，哪怕是黑白的都心满意足。这个念头一在脑海中出现，便挥之不去，想象家里三个调皮的儿子开心地坐在电视机前观看的画面，林干能恨不得立马能够实现这个愿望。

但那时候一台电视机对于普通家庭来说太奢侈了。电视机自1925年在英国诞生，发展到1980年代不过50来年。而中国在1958年才生产出第一台黑白电视机，1970年才开始生产彩色电视机，因而那时电视在全国各大商场都不多见，不仅价格昂贵，更重要的是一般人根本买不到。当时的中国，物资依旧紧缺，很多东西都配额销售，需要凭票购买，大件高档家电更是如此。

林干能在接工程时常与当地一些业主聊天，发现他们竟然还感叹市场上都没有什么东西可买，言下之意即市场上的东西太低档，买不入手，林干能觉得简直匪夷所思。在他看来，深圳的商品已经如此充裕和时髦，但当地人竟然抱怨市场上没有好用的东西可买、没有好吃的食物可吃。对比而言，他和建筑队的兄弟们每天都精打细算，伙食费升高1毛钱都要考虑是否会超支，一切以填饱肚子为目的，甚至早餐都能省则省，两天能吃一顿大碗粥搭配包子——价值1.5元的早餐，他们就已经觉得心满意足了。

正所谓穷则思变，巨大的生活水平差距使林干能下定决心要努力工作和创业。由于他头脑灵活、心灵手巧且为人实诚，包工过程中与许多业主成了很好的朋友，尤其与在深圳第一个项目的业主——兄弟老表的亲戚两人成了莫逆之交。这位业主十分欣赏这个务实肯干的东莞仔，不仅将自家老房子提供给林干能使用，还常在工作和生活上给予他指点和帮助。得知林干能梦想有一台电视机后，他把自家淘汰的黑白电视机送给了林干能。林干能高兴地把那台旧电视带回了家乡。电视机由于老旧，经常出现故障，信号也不稳定，不过对于家乡的人来说已是非常难得，邻居们每晚都到林干能家里围着看电视，给劳碌的生活增加了一项娱乐活动，带来了很多欢乐。

  林干能筹划着购买一台进口的新17寸黑白电视机。他更努力地工作，生活也更节俭，努力地攒钱。几个月后，他终于攒够了一笔钱，于是通过兄弟老表的亲戚拿到了指标，在深圳购买了一台全新的17寸黑白电视机。当他把这台电视机运回家乡时，在村里引起了不小的轰动，几乎全村人都跑来围观。面对孩子们兴奋的神情，看到自己再一次凭努力实现了梦想，为家人创造出更好的生活条件，林干能颇感开心和欣慰。此后，每天晚上到他家看电视的邻居更多了，大家对他投来了更多佩服和艳羡的目光。从那以后，林干能又陆续给家里添置了收音机、电风扇、电饭煲等各种电器，参照深圳富裕人家或香港电视剧里的家庭配置，他一点点地将家里这些现代化家具一一配备齐全。

  邻居们艳羡之余对林干能更是赞不绝口：到深圳做工就是不同以前，很有两把刷子。有条件的亲友开始托他从深圳带回各种时髦商品。那时林干能每月会回家乡一趟办理通行证，每次都要帮亲友带回各种各样在当地买不到的小商品。但那时候特区管理严格，参照港澳入境标准，不允许个人私自随意带商品进出，否则被边防检查站发现，会按走私和投机倒把处理，不仅东西被没收，还会罚款。所以林干能每次过检查站都提心吊胆，

耕耘岁月
一个东莞农民的创业之路

但又推不开人情。后来恰逢有位港商赠送了两台车给村里，林干能便借这个机会，提早联系好随车把物品带回了东莞。

在深圳做工程期间，林干能凭自己的认真负责、勤奋踏实获得了当地人的认可和信任。深圳人对林干能和他的建筑队留下了非常好的印象，认为东莞人诚信可靠，值得信赖。这让林干能内心十分感动并觉得温暖，平常也更加注意维护与业主和当地人的紧密关系，以自己的热忱和灵巧与他们建立友好情谊。也正因如此，林干能和他的建筑工程队在深圳也更容易承接工程。每当他想为家乡的亲友代购电器等商品时，深圳当地的一些朋友也十分乐意帮忙，有些商店老板甚至同意他先挂账，收到代购人的钱后再一次性结账。

试着合伙搞运输

　　随着林干能在深圳承包的工程量增多，他们的业务范围也日渐扩展。大妹夫方沛德带着几个人组建了一支手扶拖拉机运输队，也到了深圳南头为建筑队工地运输砂石、砖瓦等建筑材料。此时三弟林淦泉已渐渐长大，林干能不忍心见瘦小的弟弟继续在工地上日晒雨淋，便安排他加入方沛德的手扶拖拉机运输队负责运送建筑材料。那时深圳大搞开发，到处都是建筑工地，方沛德的手扶拖拉机运输队在深圳十分受欢迎，再加上开拖拉机是个技术活，运输行业的收入要比建筑行业高得多。眼见方沛德的拖拉机运输队供不应求，林干能便与方沛德、林淦泉商量共同出资增加一台新手扶拖拉机，由林淦泉负责驾驶，赚钱后根据投资比例分成。后来林干能意识到，他们这种共同出资、按比例分成的合作模式，其实和现代企业管理中的股份制已相差无几。

　　在林干能决定和方沛德、林淦泉一起合伙搞运输时，深圳的商品经济已经开始繁荣。1981年，香港人陈慧娟和丈夫在蛇口工业区建设指挥部总指挥袁庚的鼓励和支持下，决定投资建立一家专卖香港进口商品的商场。1982年6月28日，中国第一家中外合资经营进出口商品并收取外汇的购物商店——蛇口购物中心开业。当天，购物中心门外排起了多达四五百人的购买队伍，货架上的商品很快被抢购一空，仅乐声牌彩电便售出了150余台。

　　港货如此畅销，不仅因为当时内地物资紧俏，更因为改革开放以来，深圳人已尝到了进口商品的好处，又经由深圳务工人员的传播，港货成为

耕耘岁月
一个东莞农民的创业之路

当时人们购买和使用的潮流。当年，货物出入经济特区由海关管理，商品流通受到严格管控，供需极不平衡。这促使一些深圳当地人铤而走险，将从南头、蛇口、后海、流浮山等地购买的各种电器、食品、布匹，用大小快艇源源不断地转运回内陆各村出售以获取巨大的利润，由此形成广东沿海一带较大规模的走私活动。由于需求旺盛，走私活动相当猖獗，从事这一行的走私人员收入十分可观。一些在深圳务工或创业的东莞人也开始想方设法偷偷将在深圳购买的商品带出检查口岸，拿回东莞销售，其中主要以长安人和虎门人为主。这类走私活动使不少从业者短时间内积累了大量财富，成为沿海地区先富起来的人群。他们的生活条件迅速改善，衣食住行水平全面提高，甚至出现一夜暴富的现象。

当年的走私活动在深圳经济特区持续了大约两年时间，小部分胆子大的人因此率先富了起来，成为很多人艳羡的对象。那时在东莞，经常会听到村民在谈论："那谁有胆识，靠走货一年赚到一千几百万。"在20世纪80年代普通农民的生活中，这简直是个天文数字，但在当时那个特殊的年代这种现象的确存在。

林干能长期在深圳承包工程，自然而然对这一现象相当熟悉。由于方沛德、林淦泉从事拖拉机运输，常往返于深圳和东莞两地，这为他们从深圳购买商品提供了便利。林干能本人从事建筑业，由于业务多、工程量大，他对贩卖进出口商品并没有太大的兴趣，但这不影响他看到了这中间的巨大商机。有许多老家的村民托林干能从深圳代买商品，因此他建议方沛德、林淦泉的运输队进出深圳时考虑捎带一些商品，赚些外财。他跟方沛德说："东莞和深圳两地政策不同，生活水平差距很大，好多深圳人轻易能买到的香港便宜货在东莞根本买不到，如果要多攒钱，不如抓住这个机会，来回深圳和东莞运货做买卖。"

那时深圳市场上的商品充裕、琳琅满目，加上林干能与深圳很多业主、村民的关系都很好,通过他们采购电器、物料很是方便。有一次林干能在商店买东西时,看到货架上的汽水,突然想起东莞汽水厂来。那时候汽水刚刚在城市流行,是深受欢迎的流行饮料,尤其是青年男女以及小孩上街时的必买品。东莞汽水厂在本地十分有名,生产的汽水卖得相当好。他灵机一动,想到深圳有这么多打工和创业的年轻人,如果把东莞汽水厂的汽水运到深圳来卖,一定十分畅销。于是他建议方沛德、林淦泉在往返深圳和东莞的时候,顺便批发一些东莞汽水厂的汽水到深圳销售。别人想办法从深圳买东西走私到东莞,林干能却反其道而行之,将东莞的商品运到深圳去销售。

方沛德、林淦泉听后连连称好。他们说干就干,果然如林干能所料,东莞汽水在深圳十分抢手。方沛德、林淦泉每次空车前往深圳时,都会先到东莞汽水厂批发汽水,通常装满一车约16箱,在去深圳的路上沿途便分派到各个小商店,通常一支汽水可赚5分钱,每箱200支,一趟便可以攒到160元;从深圳返回东莞时,再从深圳拉回一车尼龙布。由于从经济特区带出的货物要过检查站,超过一定数量便是违禁,因此他们设法将尼龙布藏在放汽水的空箱下,再放平车厢,一趟可以装200件尼龙布。当时在东莞销售尼龙布,一件可以赚8元钱,一趟能赚1600元。除了碰上刮台风、下大雨等恶劣天气停开,他们一个月至少往返深圳、东莞二十余趟,扣除开支和损耗,平均一趟至少可以赚到1600多元,这个金额相对20世纪80年代人们的收入水平来说是非常惊人的。他们这种两地贩卖的行为持续了大约一年多时间。

这种两地商品流通的经济活动,在今天来看是非常正常甚至是国家大力提倡的商品经济行为,但在当时,没有政府的允许,属投机倒把活动,被国家明令禁止并严加查封。中国自古有重农抑商的历史传统,商业行为一向不是社会主流,而且那个年代大多数人思想单纯,林干能自小深受祖辈、父辈的影响，也时常觉得这种买卖商品的行为不是正经之道。恰逢当年国家严厉打击走私行为，林干能感到不安，遂决定停止倒卖活动。他甚至不允许妻子参与这类商品买卖。他内心本能地觉得，国家有法律，社会有规则，人应该遵从社会规律，按规则办事，凭自己一双手踏踏实实劳动，这样挣到的钱才是实实在在的，一个人心安理得，日子才能过得安稳平实。靠违背国家法律挣到的钱，林干能觉得有些烫手，而且他在深圳有自己的建筑事业，发展得也很不错，赚钱虽比不上贩卖商品来得轻松快捷，但也算高收入，所以何苦去做那些让自己担惊受怕的事呢？

就这样，林干能放弃了那个凭借运输可获得高收入的渠道。即便如此，1981年对于林干能来说也是十分有意义的一年，这一年他经历了从无到有、生活大有改善的过程，家庭已经从低收入踏入较高收入的行列。当年年底，林干能带着喜悦的心情回乡过新年，他觉得这一年也算有点小成绩了，内心甚感安慰。

时隔多年，方沛德回忆与林干能一起在深圳创业时说到，林干能脑子转得快，是个很精干的人，对做的每一事都很有悟性。他与林干能在深圳创业期间，朝夕相对，一起工作、生活，亲身感受到了林干能勤快、认真的做事风格，认为林干能做每一件事都有明确的方向和目标。方沛德说，林干能的事业之所以能成功，是因为他为人诚实，非常讲信用，与他打过交道的人都愿意与他成为好友，并在事业上与他相互支持、帮助，共同成长。

是时候给家里建栋房子了

1982年下半年,林干能已小有积蓄。给别人盖了那么多年的房子,他觉得,是时候给自己家里建一栋房子了。

岭南民居建筑主要受江南地区建筑模式的影响。中华人民共和国成立前,家庭经济条件好的家庭或大家族,通常会兴建镬耳屋,采用青砖、石柱、石板砌墙,外墙壁刻上花鸟图案,山墙上附象征官帽两耳的镬耳,有"独占鳌头"之意。镬耳屋是岭南一带家境殷实人家的象征,明清时期一般是出过高官的村落或有功名的乡绅才有资格在屋顶竖起镬耳封火山墙。后来,只要是发了财的村民,都会建造一所镬耳屋以显示其富有与气派。而且,依祖宗规矩,镬耳屋房屋开间越多意味着等级越高。中华人民共和国成立之初,经历过连年战乱的人们尚未解决温饱问题,再加上移风易俗,建镬耳屋的农民极少,即使必须建房,也大多采用土坯形式,建三间厢房已属条件很好了。

改革开放后,生活逐渐好转,人们开始筹划改善住房条件,建房成为潮流。由于当年前往香港谋生的人已经可以相对自由地回乡,他们不仅带回了钱财和物资,还带回各种各样的新观念和新潮流。反映在建筑上,就是人们开始摒弃传统建筑模式,青睐于采用水泥等新材料兴建现代风格的建筑。在深圳从事建筑行业的几年里,林干能已成为当时流行的现代住房建筑的行家,闭着眼睛也能画出最时尚的楼房图纸。他决定给自家建一栋既时髦又好住的楼房。

建楼的想法一冒出,林干能便立即行动。他早已对即将建设的楼房进行了细致的规划。房子的宅基地面积约100平方米，他计划建成一栋两层半的红砖瓦楼，其中地面与第二层建筑面积各80平方米，第三层建筑面积40平方米，总建筑面积约200平方米。参照当时深圳楼房的建筑风格，建设时将地基整体抬高，楼房立面右侧三层墙体直上，左侧则立柱架空，一楼设入户大门，二、三楼分别设围栏大阳台，主体采用水泥楼板结构，房顶盖瓦。为保持室内通风敞亮，楼房正面和侧面墙体都开大面积窗户。这种当时在深圳极为流行的住房，外观气派，室内明亮通风。为建好自家这栋楼房，林干能夜以继日地赶工，仅用一个月时间便把整体建筑结构做好了。由于当时积蓄有限，深圳南头的建筑工程也持续不断，他只能先完成楼房的主体结构，其他外墙和室内诸如外墙批荡、石米地板、天花、墙身瓷片等的装修，留待以后再慢慢完善。

  房子主体结构完成后，林干能不放心深圳的工程，又马不停蹄赶往深圳南头。直至年底，深圳在建的几项建筑工程有些已完工，有些也已临近收尾。看着业主们欢欢喜喜打算搬进新房过年，林干能也深有触动。这些年他日夜辛劳为别人建楼，眼见他们一个个喜气洋洋地住进楼房，如今他也为自己建好了一栋楼，终于可以准备和家人一起扬眉吐气地住进自家的洋楼了，为什么不趁着春节前的几天时间，将房子剩下的收尾工程完成，让家人一起都搬进新房过年呢？林干能说干就干，对深圳的工程稍作安排便提前回乡。

  至今林干能还记得，1983年2月4日下午他从深圳回到厚街双岗，当时已经是腊月二十二日，只差一个礼拜便要过年了。为了让家人住进新房过年，林干能精力十足，一到家便张罗装修。这一开工便是连续七天六夜不眠不休，连一日两餐都是妻子将饭菜送到新房，他就站在工地上囫囵吃完，再不停歇地继续干活。一套建筑面积近200平方的楼房，林干能硬是自己一个人在七天内完成了所有的收尾工作。

深圳岁月

林干能回忆起当时给自家楼房装修赶工时充满笑意，言语中仍不乏自豪之意。当时房子的内外墙批荡、地板安装、天花都还没做，按正常速度，一个人在七天内完成这项工程几乎是不可能的，但那时他年轻气盛，身体强壮，为了实现过新年搬新家的雄心壮志，硬是日夜赶工。其时正值腊月寒冬，就算是气候温暖的南方天气也很是阴冷，尤其夜晚更是寒气逼人。连续三天三夜下来，林干能感觉自己的双眼都已无法睁开了。但过了第四天后，他发现自己居然开始清醒了，甚至都没怎么感觉到困倦，接下来几天都是如此。林干能当时不知道，这实际是体力消耗到极限的表现，由于太过紧张和疲累，他对自己的身体反应失去了应有的感觉。当一个人连自己身体的异常都感觉不到的时候，其实是非常危险的。但林干能仗着自己年轻，硬是坚持了下来。

林干能一直连续不断地干到过年前一天晚上，也就是年二十九晚上10点多，虽然仍然没能完成外墙的批荡，以至于外墙至今都是清水墙，但其他基础装修已经基本完成。此时林干能已经疲倦到了极点，头发蓬乱不堪，几乎睁着眼睛都可以一头睡过去。妻子目睹他这些天为家人能住进新房过年如此拼命，十分心疼，催促他

▲ 1983年林干能自建的新屋，现仍保存在双岗村内

耕耘岁月
一个东莞农民的创业之路

快去休息,剩下的卫生和收拾工作由她和孩子们来做。只是林干能实在无法忍受自己顶着一头乱发过年,遂又跑到理发店去理了头发才放心回家洗澡睡觉。这一觉,他感觉到了从未有过的香甜。

  1983年2月13日,大年初一,林干能终于如愿带着一家老小按计划搬进了新房过年。虽然此时除了这栋新房,全家几乎只剩下了5元钱现金和一只鸡,但他内心充满了喜悦和自豪。一家人围坐在新房简陋的餐桌上吃年饭的那一刻,林干能有些百感交集。回顾自己这么多年来走过的艰苦日子,他一直为了改善家人的生活而努力拼搏,几乎没有一刻松懈过。如今,看到妻子欣慰而恬静的神态,看着三个孩子兴奋开心的笑脸,林干能觉得所有的辛苦和劳累都是值得的,长久的付出似乎在这一刻得到了最好的回报。虽然花光了积蓄,连新年给孩子们派红包的钱都没有,但这栋房子便是最大的财富!对林干能而言,这不仅仅是一套住房、一个家庭的避风港,更是一个男人对家庭的责任,以及历经艰苦、从不放弃的拼搏精神。在林干能以后的人生中,他又修建了许多楼房,其中不乏数十层的巍峨高楼、豪华气派的大酒店,但住进自家小楼时那种由衷的喜悦和欣慰至今仍清晰如昨。

不适合开拖拉机

转眼到了1984年。

有人说，1984年是中国的企业元年。这一年，王石站在深圳街头，目睹深圳国贸大厦以三天一层楼的"深圳速度"迅速建成，感受到了时代潮流扑面而来。当年5月，王石用贩卖玉米积累的第一桶金注册了"深圳现代科教仪器展销中心"，他后来把这家公司的经营范围概括为"就是除了黄赌毒、军火不做之外，万科基本都涉及了"。许多像王石一样的冒险家，纷纷开起了服装厂、手表厂、饮料厂、印刷厂，凡是社会上缺什么便生产什么、售卖什么。刚刚经历物资紧缺时代的中国那时什么都缺，因此无论生产什么、贩卖什么似乎都能供不应求。

而在建筑行业，虽然催生了著名的"深圳速度"，但日晒雨淋，工作太过辛苦，在做什么都赚钱的时代，为什么一定要选择这最苦最难的行业呢？仍在深圳从事建筑业的林干能目睹深圳的快速变化，也产生了疑惑。与此同时，随着建筑工程量越来越多、工程规模越来越大，他的建筑队伍也在不断壮大，出现了人多难于管理的状况。工人在深圳待得久了，见多了深圳的花花世界和发展变化，内心也开始动摇，变得纪律松散，工作不再卖力，效率难以提高。这些状况让急性子的林干能心里焦躁不安，他对继续从事建筑业产生了怀疑，觉得很难再做大，犹疑着坚持做下去能否有更大的发展。

当时，林干能的三弟林淦泉已经脱离建筑队，从事运输工作。由于业务兴旺，林淦泉在从事运输工作的同时兼营商品买卖，因此在收入上已经

耕耘岁月
一个东莞农民的创业之路

远远超过林干能。那时林干能每月收入仍停留在两三千元，三弟的收入已每月过万。收入大增的林淦泉随之新建了一栋两层半楼房，还一鼓作气购置了摩托车及全屋电器，生活过得殷实富裕。这让林干能萌生出离开建筑队改行的念头，想重新加入三弟与妹夫的运输行业。

林干能的性格一向是说干就干，一旦他在脑子里产生了想法，就会马上行动。因此，当他决定改行从事运输业时，第一时间便决定回东莞学开手扶拖拉机，预备考驾照。当时考手扶拖拉机驾照需要在一周内完成，这对于一个从未操控过机械设备的人来讲，时间紧迫，技术难度很大。虽然三弟林淦泉和妹夫都擅长开拖拉机，大家还一起合伙做过运输，但林干能对驾驶拖拉机基本上一窍不通。不过林干能一直是个决不言败的人，这从他当年并未接触过建筑水刷石技术却敢接活也可以看出。因此，对于开拖拉机，他同样下定决心要去试试。他想：既然别人能做到，我为什么不能做到呢？

林干能首先认真准备文科考试和机械科目考试，他头脑灵活，善于学习，平常也经常看书看报，记忆力很好，因此这两个科目他很顺利就通过了，而且考分不低，这给林干能增加了不少自信。但第二天考倒桩时，林干能遭遇了挫折。那时的拖拉机考试用的是手扶拖拉机，车头又重又长，一个拖拉机老手要控制和掌握车头尚且不容易，更何况像林干能这种从没驾驶过手扶拖拉机的新手！他虽背熟了书上说的操作方式，但毫无驾驶经验，又被安排第一个上阵考试，因为紧张和生疏，上场后不由得手忙脚乱，出现大脑一片空白的状况，自然没能通过实操考试。

面对挫折，林干能很不甘心，他决定先回去勤加练习，再准备重考。回家后第二天他便开着三弟的拖拉机一个人出去练车了。刚开始在平坦的路上开得很顺利，他觉得自己慢慢地找到了一些感觉，于是大胆地继续往前开。在经过一段崎岖的小路时，路中间有一段被挖通的沙塘路，他一阵心慌，在操作时出现了技术失误，本来应该马上踩急刹车，可惜一脚踩空，车头一扭便连车带人掉进了马路边的深坑。掉下去的时候，他的右脚被手扶拖拉机的轮齿刮到，鲜血直流。幸亏大路上人多，在路人的帮助下，林干能被抬上车迅速送到了附近的卫生院医治。这一次，他那受伤的右脚缝了7针。看着缝针后包扎好的右脚，再看看左脚几年前在沙田锄柴时受伤落下的伤疤，林干能有些哭笑不得：这下好了，两条腿都受伤留下疤痕，而且左右对称，十分平衡。

虽然右脚受伤，但林干能依然没放弃学开拖拉机。和上次左脚受伤一样，在家仅仅休息了几天他便坐不住了，铁了心要学会开拖拉机。这次他决定不再单独行动，而是约上好友，跟着好友一起边看边学。当时好友在深圳南头的一个码头上从事运输业，林干能便跟着他现场操练，争取早日补考成功。跟车的第一天下午，是去一座在建的大楼运砖，这是一座有20多层高的大楼，由一支地方武警部队承建。武警战士做事讲求效率和战术，为了方便，要求他们的运砖车尽量靠近提升架的位置落砖，以便减少过车的环节。当时林干能和好友驾驶的是一台大型的斗车，大约上到8楼时，由于放得不均衡，整车砖头倾斜，一声巨响后，砖头像暴雨般砸落下来，大部分落向车尾。朋友在车头听到响声后迅速躲开，但在车尾的林干能却没能及时躲避，被一块6斤重的方砖砸中后脑，顿时鲜血喷涌，无法止住。在旁边协助运输的武警战士见此情形，迅速将林干能拉开，稍作包扎，然后赶紧借了一辆自行车给他的朋友，以便尽快将林干能送去南头医院医治。当时建筑工地距医院约五六公里，林干能的后脑一路上都在流血，整件衣服都被血染红了，看着十分吓人。到达医院急诊室时，由于急诊室还有别的病人在抢救，林干能足足等了20分钟才有医生帮忙处理伤口。林干能头昏目眩，迷迷糊糊觉得自己的血都快要流干了，全身发冷。他隐约记得自己好不容易才等来医生，然后被安排躺到一张像课桌一样的

耕耘岁月
一个东莞农民的创业之路

手术台上，台面上铺了一块白色桌布，汩汩流出的鲜血滴在手术台上，很快染红了那块白布。医生粗略检查了一下林干能的伤口，惊讶于他居然还有意识，忍不住说了一句："你的血都快流尽了，居然还没有晕倒？"林干能哭笑不得，已没有力气回答医生的话了。经过手术，林干能的后脑勺上被缝了7针，加上几天前右脚上被缝的7针，不到一周的时间里他两次进医院共缝了14针。缝完针从手术台上起身，看到被鲜血染红的手术台以及手术台下满地的染血纱布，被砸伤后直到这一刻，林干能才真正感到了后怕。

尽管手术后十分虚弱，林干能仍然舍不得住院，强撑着从南头医院回到自己建筑队的宿舍休息。因为失血过多，他面色苍白，可以说几乎是没有一丝血色。建筑队的弟兄们都是在工地吃完饭晚上八九点以后才回宿舍休息的，回来时看到平常精力充沛的林干能此刻虚弱无力地躺在床上，都唏嘘不已。一个亲戚见他面色惨白，太过吓人，提出第二天送他回东莞养伤。然而，林干能并没有答应，身为一个经历过艰难困苦的农民，他从来就没有试过因为受伤而停下自己手中的活计，在他的意识里，干活是为了自己，更是为了全家人的生计，这是比健康更重要的事情。但这次受伤实在太严重了，拗不过亲戚的一再劝说，林干能终于同意回东莞养伤。

回到东莞后，林干能对着镜子好好地端详了一番，发现自己整张脸因为失血过多而呈现出吓人的青绿色。看着镜子里那张毫无血色的脸，想到家中年迈的父母，想到憔悴的妻子和三个尚年幼的孩子，他不由得害怕，如果这次性命不保，一家老小该怎么生活？一时之间，林干能竟忍不住落下泪来。他终于深刻体会到生命与健康的可贵，也终于意识到，作为丈夫和父亲，作为家中的主心骨和顶梁柱，他的生命和健康从来就不只是属于自己一个人，而是属于整个家庭，只有他平安健康，才能守护好全家人！

林干能决定放弃开拖拉机。一周之内连续两次受伤，他觉得自己的确不适合开拖拉机。他后来常想，如果当日在深圳那块6斤重的砖头落到他的前额或头顶，而不是砸在后脑勺上，又或者他没有躲过其他雨点般的砖头，他的生命可能就这样终止在深圳南头了。或许这真的是上天的旨意，林干能决定放弃改行从事运输业的想法，一心一意做回自己擅长的建筑业，建筑业虽然辛苦，但一手一摸、一砖一瓦都可以在自己的掌控之下。

就这样，从那以后林干能再也没有想过放弃自己的老本行——建筑业。

遇到大老板

想通之后,林干能没再犹豫,不久便又踏上重返深圳建筑工地的征途,重操旧业。他是个闲不住的人,不允许自己因为受伤便心安理得地躺在家里什么都不干。

由于那时林干能的建筑队在深圳已很有名气,不久,他们便接到了深圳南头一个建筑面积为2000平方米的大屋装修工程。这栋楼由当时一家香港建筑队兴建主体建筑,完工后的装修部分由林干能的建筑队来完成。这栋楼的业主是蛇口同乡会一位姓王的会长,林干能在接这个工程之前便听说业主家族是经营商业与地产业的大老板,在香港长洲有几条街的物业,是香港大富豪之一。

林干能开始和亲自管理楼房工程的王老板接触时,完全没感觉到他有什么特别,只觉得对方是个亲切随和的人,很好相处。由于林干能一向为人实诚,亲和力强,和王老板接触几次后,两人很快便熟悉起来并成为朋友。有一次聊天,他好奇地问王老板:"建这么大的屋需要很多钱吧?"

王老板已经把林干能当成朋友了,因此十分自然地说:"我是南头人,建这栋房子只是留一间祖屋,作为一个家族的纪念与传承,花费的钱对我们来说是小数目。"停了一会儿,他打了个比方:"就好似出门在外的人,返家后给孩子买了一粒糖果。"

王老板还告诉林干能,他家里请了12名律师,拥有的房产遍布中国各大城市,甚至在海外还有很多房产。当时王老板跟林干能聊这些家庭情况的时候,只是平平叙来,言辞中并无夸耀显摆的意思,这让林干能十分震惊。原来王老板竟是这么低调，即使有如此雄厚的经济实力，却一点也不张扬，还亲力亲为操持这栋建设起来如"买一粒糖"般简单的祖屋！那时林干能自认为在深圳自己只能算个穷人，但王老板跟他打交道时亲切和善，没有一点架子，处处体现出人与人之间的平等、信任和尊重，这让他非常感动，也使他意识到原来真正的大老板并不需要大摆排场或张牙舞爪，一言一行之间便可自然而然地让人心生敬仰并由衷佩服。

回忆起这一切，林干能说，正是从王老板身上，他看到了一个优秀企业家具备的优秀且珍贵的品质，不仅表现在待人接物的低调和尊重上，也表现在个人的品格和修养上。由于王老板这套楼房装修档次高，使用的基本是从香港进口的装饰材料，所以建筑队只包工不包料。但王老板十分信任林干能，由于他自己不常住南头，为了不影响装修进度，常会放一些钱在林干能手里，请他代买材料，每次一给就是1000元。那时候人民币最大面额是10元，1000元钱足有厚厚的一叠，可不是小数目。每次林干能接过钱时都觉得责任重大，十分小心地保管着，花钱时也认真做好支出账目，不辜负王老板的信任。

"但有一次还是出了岔子。"林干能回忆道。原来，有一次王老板把现金交给了他，随后他把钱揣在裤兜里便去上厕所了。那时候深圳有很多城中村，建筑工地旁边还是大片农田和鱼塘，当地很多农民依然靠种田和养殖为生，为了积肥，大多把厕所建在鱼塘或水田边。林干能那天去的厕所建在水塘上，是那种老式的分隔式厕坑，排泄物直接排向鱼塘。上完厕所回来后他发现放在裤后袋的钱不见了，那可是王老板拜托他买材料的钱，差不多顶他半个月的工资！意识到钱可能已经掉下鱼塘了，林干能内心沮丧到无以复加，觉得自己简直像中了邪一样祸不单行。前不久才进了两次医院，这次又丢了业主这么大一笔钱，最关键的是他不知道怎么向王老板交代！丢钱的事后来被建筑队的弟兄们知道了，大家十分体谅林干能的心情，一些人提出从集体工资中扣除，以减少林干能的压力。王老板知道了这件事后，被林干能和建筑队弟兄们的团结和责任心所感动，对他们更加信任了。

王老板待人和善，对人不分贵贱，不仅把林干能当成朋友，平时在生活中对建筑队的工人们也十分友好。每次从香港到深圳查看工程进度时，他常给林干能和弟兄们带来香港"555"牌香烟，还时不时请建筑队的十几个人去餐馆吃饭。每次吃饭时，王老板都会把楼面部长叫过来点菜，一点就是10多款菜式，几乎把餐馆菜牌内的每一款菜点了个遍，吃饭时还不停地招呼大家多吃点，再三强调工人们干活辛苦，吃得不够可以再加。那时林干能带着建筑队在深圳干了几年，也算是见过一些世面的人，见此情景也暗暗感叹没吃过这么丰富的大餐，更不用说日日吃工地餐的弟兄们了。当时楼房旁边有间小商店，王老板怜惜建筑队工人们干活辛苦，便跟林干能说，如果大家口渴想喝饮料，尽管去商店拿，只需要记数就行，他回来后再与商店统一结账。由于天气非常炎热，10多个工人做工，平均每天要喝掉40多支汽水，这在当时也是一个不小的数目。但王老板毫无怨言，每次都痛快地结账。

在与王老板合作时林干能还发现，虽然王老板对他们十分大方豪爽，但实际上自己却是个十分节俭朴素、爱惜物品的人。林干能清楚地记得，当时为了赶进度，建筑队直接在工地旁搭棚子做饭，这样一般吃完饭休息半个小时后就可以马上开工。那时候安装电灯多用明线，采用线钉和线码固定电线，好几次林干能吃完饭后去二楼准备工具，安排施工，发现素来大方的王老板竟然在地上把散落的线钉和线码一颗一颗地都捡起来。相比起装修时使用的那些进口瓷砖和电线，线钉和线码的费用简直可以忽略不计，就连施工队的工人们都不屑一顾，故而才会洒落一地。王老板却趁着工人们吃饭不在屋里的间隙，一丝不苟地捡拾并归拢，以便于大家再次使用。林干能心里明白，王老板并不在乎这点小钱，因为他是趁大家不在的时候自己捡拾的，说明他并没有打算责怪工人们浪费的意思，这只是他个人一种自然而然的行为习惯罢了。一位殷实香港富商，家族已经如此富有，却连一颗线钉都如此爱惜！这使林干能意识到，富人之所以成为富人，是他们知道什么时候该大方豪爽，什么时候该勤俭节约，不该浪费的物品，一钉一线都需珍惜。他由此浮想联翩：如果自己处于王老板的地位，能否也做到弯腰在凌乱的工地上一颗颗捡拾那撒落满地的廉价线钉和线码？王老板这种节俭惜物的精神让林干能深受震撼，并深深地刻进心里，无法磨灭。这件事后，他感受到了自我的成长和蜕变，如果是从前的林干能，发现地上掉落的线钉，很可能和工人们一样不屑一顾，但目睹王老板的行为后，他觉得弯腰一丝不苟地认真捡拾是真正令人佩服的行为。爱惜一钉一线并非小气吝啬，而是一种根植于内心的习惯和修养，精打细算是优秀企业家珍贵的精神品质。如果可以，他希望这种精神品质能够感染更多的人，能够成为可以在企业里、在后代中一直传承下去的精神财富！

经过两个多月全力以赴的工作，林干能的工程队终于完成了这项工程，交付使用那天，王老板再次请他们吃大餐庆祝。很长一段时间里，林干能对王老板深怀感激并记忆深刻，倒并不是因为王老板为人大方，常请他们吃饭，而是短短两个多月里，他从王老板身上学到了许多企业家应有的优秀品质。

每每回忆起深圳的那段岁月，林干能都会不由自主地想起承建王老板房屋装修工程时的点点滴滴，特别是王老板弯腰捡拾线钉时的情形，常常清晰地浮现在他的脑海里，提醒他无论何时都要善待身边的人和物，爱惜身边的一钉一线。

大难不死

结束王老板的装修工程后，林干能的建筑队又接到了一项包工包料的新工程。由于当时南头的砖价比东莞高，如果在东莞买砖，即使加上从东莞到深圳的物流费用，也比从深圳直接购买便宜。为了节约成本，林干能便时常往返东莞采购建筑材料，并联系妹夫和三弟林淦泉帮忙运送。

当时东莞的砖厂主要位于水乡道滘等地，每次林干能返莞，都会借用三弟林淦泉的摩托车前往道滘。他一般先从厚街石江码头坐渡轮，上岸后骑摩托车去道滘砖厂，在砖厂下好订单后返回厚街，再安排三弟或妹夫尽快将砖头运往深圳。几次往返后，林干能对这条路线已经十分熟悉。

工程进行到近半的时候，林干能又一次从厚街前往道滘买砖。因为工程急，那天他带着运输车队一起去道滘。去的时候非常顺利，与砖厂商谈好数量和价格、安排好运输车辆后，他便骑上摩托车前往轮渡码头，准备坐船打道回府。但就在快要抵达渡轮码头的时候，天气说变就变，一瞬间天空便黑了下来。这种突然出现暴雨的天气在沿海地区原本很常见，林干能不以为意，继续骑着摩托车向码头边赶去。但这天不仅下起了倾盆大雨，居然还下起了冰雹。乌黑的天空，骤然而起的大风，滂沱的大雨，还有大块大块的冰雹铺天盖地，犹如末日来临，让人莫名觉得恐惧。林干能勉强控制着摩托车艰难前行，大雨和冰雹狠狠地砸在他的头上和身上，砸得摩托车油箱铛铛地响。那时候人们骑摩托车时还没有戴安全头盔的意识，林干能觉得脑袋已经被砸得又红又肿，似乎头都肿大了一圈。

当林干能在风雨冰雹中骑车抵达轮渡码头时，渡船刚好离岸开走。他十分沮丧，只好骑着摩托车离开码头寻找避雨的地点。半小时后，大雨和冰雹都停下来了，又一班渡轮从对岸驶来准备靠岸。林干能骑着摩托车昏昏沉沉地再次赶往码头，没走多远，突然一辆红色的雅马哈摩托车迎面飞驰而来，砰的一声撞上了林干能的车。林干能当即从摩托车上被撞飞，晕倒在马路上一动不动。这可怕的一幕恰好被帮林干能运送砖块的车队看到。他隐约感觉到开车的老表等人把他和摩托车一起抬上手扶拖拉机，直奔厚街卫生院急救。

半年之内，林干能居然连续三次因为开车而遭遇极为危险的事故。回想这三次车辆事故，一次比一次危险。农村人迷信，都说事不过三，很多亲戚朋友也觉得邪门，觉得他命里就不该开车，纷纷劝他日后不要再碰车，摩托车也好，拖拉机也罢，应该全部远离。第三次从医院急救室出来的林干能几乎也怀疑自己是不是时运不济。林干能是个不服输的人，性子急躁，偏不信邪，他总相信只要努力拼搏就没有学不会和干不成的事，但这半年来发生的事情使他不得不相信有些事情强求不得。经历了学开拖拉机两次受伤，又经历了骑摩托车被撞飞的诸多事情，林干能想开了许多。尽管他已经十分清楚当时从事建筑业收入可能远远不及开拖拉机从事运输业以及其他行业的收入，但他已决意不再勉强自己改行。

但他又不甘心自己的事业止步于此，未来该何去何从呢？

这次严重的事故使林干能陷入了对未来的深入思考之中。此时已是1985年，深圳第一波以住房为主的建筑大潮已接近尾声。随着建筑行业日益规范，大型工程对建筑队资质的要求越来越高，林干能的建筑工程队虽然在深圳南头一带获得了良好的口碑，但他们接的通常都是一些小型住宅和楼房的建筑装修工程。几年下来，当地人对住房建筑和装修的需求逐渐减少。对于随之兴起的大型厂房和写字楼建设、装修，他们的工程队资质不够、力量有限，很难与大型建筑企业一起竞争。如果他们继续在南头片区待下去的话，承接的工程量会越来越少，收入也会越来越低。

而在另一边，家乡东莞乘着改革开放的东风，紧随深圳发展的步伐，正在大力发展来料加工业。随着大量外资和外企的逐步引入，各镇对现代厂房的需求日渐迫切。林干能再次敏锐地嗅到了来自家乡的商机，他当机立断，决定逐步结束南头的工程返回东莞发展。

1985年下半年，林干能安排二弟林正全继续留在深圳南头，负责抓紧完成此前承接的一些工程的收尾工作，他自己则带着一批人返回东莞，承接了一栋香港人的包工包料的楼房装修。1986年中，林干能结束了所有在深圳承包的私人工程，结束了6年睡水泥地板、用砖作枕头的艰苦岁月，返回东莞谋求新的发展。

在深圳的6年岁月，对林干能而言，是艰苦创业的岁月，也是逐步积累成长的岁月。在这6年里，他经受住了挑战，提高了建筑技术和管理能力，也积累了丰富的经验和良好的口碑。这所有的一切，都将成为他日后事业发展壮大的坚实基础。

耕耘南粤

GENGYUN NANYUE

干好建筑老本行

搭上家具制造的顺风车

打好会展这张牌

树立嘉华酒店品牌

干好建筑老本行

赶上好时候

早在1978年10月林干能想方设法去深圳发展的时候,其实东莞也已悄悄迈开探索改革开放的脚步。相对于蛇口工业区和深圳特区的轰轰烈烈、万众瞩目,东莞低调、务实地进行了发展经济的探索。

改革开放初期的东莞,仍是隶属于惠阳地区的农业大县。当时东莞每年稳定向国家上交4.3亿~4.5亿公斤粮食,数量上排在全国前三位。1978年,时任东莞县委副书记郑锦滔前往北京人民大会堂参加全国"双学大会",被安排在大会上作专题发言,介绍经验①。

随着十一届三中全会召开,改革开放之风首先在广东沿海地区刮起,曾与东莞县同属惠阳地区的宝安县率先举起改革开放大旗,其辖区内的蛇口工业区成为深圳改革开放的试验田,此后宝安县改名为深圳市,紧接着深圳经济特区成立。万众瞩目中,深圳经济特区以惊人的速度快速发展。目睹深圳经济特区工业的快速发展,东莞虽暂无特区政策支持,亦自发紧随时代的步伐,拉开初期工业化序幕。

东莞的初期工业化是从"三来一补"企业起步的。"三来一补"指来料加工、来样装配、来件制作和补偿贸易,东莞早期引进的企业以来料加工类型为主。1978年,东莞县领导曾被要求向邻县学习贷款大办国有企业

---

① 广东东莞30年巨变:从乡村到城市[J]. 三联生活周刊,2014-2-20(508).

或集体企业。但经过学习，反而坚定了东莞依托政策与地缘优势发展"三来一补"的决心。当时正值香港产业转移，深圳经济特区是最早依靠香港转移而来的来料加工发展起来的城市。东莞具备与深圳同样临近香港的区位优势，而且历史以来通过各种方式前往香港谋生发展的东莞籍同胞达数十万人之多。据东莞同乡会统计，当时莞籍香港同胞占香港总人数近十分之一，其中尤其以长安人数最多。随着来料加工在深圳发展并向外延伸，长安和虎门可谓近水楼台先得月，民间早有一部分人以家庭为单位，不露声色地开始承接诸如串珠、假发、头饰等来料加工的活计。

但当时的东莞既无政策优势，又无人才、技术以及资金基础，甚至连基本的厂房条件都不具备，又如何吸引莞籍香港同胞回乡投资办厂，发展"三来一补"呢？办法总比困难多，这个问题难不倒东莞人。没有资金建厂房，那就充分利用已有资源，人们想起了人民公社时代轰轰烈烈建起的集体食堂。当时食堂开办不到两年即停办，后来空荡荡的，要么改成牲畜栏，要么常年闲置堆放杂物柴草。如今拾掇拾掇，不正好是尚好的厂房？思路一打开，思想很快被解放。有人想到了村里关闭已久的祠堂，有人找到了空置多年的会堂。过去破"四旧"，当时大多数祠堂都不再具备祭祀、议事等功能，只用来堆放柴火、化肥等，既存在消防隐患，又腐蚀了红砂岩等建筑构件，在祠堂办厂既保护了祠堂，又合理利用了空间、解决了厂房缺乏的问题，可谓一举两得。于是，东莞"三堂经济"应运而生，即利用饭堂、祠堂、会堂等场所作为厂房或办公场所发展经济。其中，比较具有代表性的是虎门龙眼村。1979年初，龙眼籍香港人张明回到虎门，与兄弟张细在张氏宗祠开办了龙眼发具厂，成为中国内地农村引进的第一家外资企业。历经四十多年的发展，如今虎门龙眼发具厂早已搬出张氏祠堂，建起了标准化的现代厂房，发展成为全球最大的假发生产企业。

最初东莞开办的企业几乎都是小作坊式工厂，大多是莞籍香港同胞回

耕耘岁月
一个东莞农民的创业之路

乡投资办厂，他们一方面是基于乡情、亲情的驱使，另一方面则是抱着一种试探性的心理进行小额投资。简陋的旧祠堂、会堂、饭堂里，一边摆放着办公桌和机器，一边堆放着各种原材料，加工生产的大多是毛织、服装、手袋、玩具、小五金、家庭日用塑料制品等小商品。

1986年初，双岗籍港商万沛洪回到双岗上环村，办起了双岗第一间家具厂——岗丰家具厂。工厂设在上环村的会堂里，初期工人仅60多名，主要生产当时香港流行的喷油家具，包括床、衣柜、办公桌等。在斧劈锤敲、手锯钢凿之声中，厚街双岗村的家具业由此起步。

正是这种村村点火、呼呼冒烟的"三堂经济"，搞活了东莞农村的经济，使农民们摆脱了贫穷的命运，"洗脚上田"当上了工人，还有一小部分人则创业成功成为老板。"三堂经济"让东莞迅速完成了农村工业化资本的原始积累，成为广东省乃至全国经济起飞最快的地区之一。1983年底，东莞累计签订"三来一补"协议2067宗，遍布80%的乡村。到1987年，东莞"三来一补"企业工缴费收入约占全省的40%，居全国县级单位之首[①]。1988年改革开放10周年之际，中央办公厅调研室在总结东莞改革开放经验时，对东莞做出了"我国沿海农村社会主义建设的成功典型"的评价。

到1984年，东莞县全县生产总值已达25.36亿元，是1978年的2.6倍，外贸出口总额为1.29亿美元，是1978年的3.3倍，农民人均年纯收入649元，是1978年的4.4倍[②]。是年9月23日，时任东莞县委书记李近维在中共东莞县第五次代表大会的报告中，提出了"向农村工业化进军"的目标，号召市、镇、管理区、村、家庭工业一起合力，加快东莞工业化进程。

林干能便是在这种背景下，决定结束深圳的工程，带着建筑队返回了

[①②] 东莞市地方志编纂委员会. 东莞市志[M]. 广州：广东人民出版社，1995.

家乡，加入到了东莞农村工业化建设的大潮中。

穷则思变，思想解放了的东莞人充分表现出务实肯干的特质。为了吸引外资，全县从上到下，采取"人盯人"战术，动员各镇各村甚至各人加入招商引资队伍。一时之间，"三来一补"如同星星之火在东莞各个镇村点燃，逐渐形成燎原之势。

然而，交通不便成为东莞工业化发展的主要障碍。中华人民共和国成立前，东莞只有7条路，都是泥路，总路程不到200千米。这些路很多都是私人修的，其中莞城到太平的路虽然只有七八米宽、三十千米长，坐车需要两个小时，但在当时这已经是东莞最好的路了。不过当时整个东莞拥有的汽车还不到60辆，行车公司也只有7辆车，所以交通矛盾还不是特别突出。

从1955年到1978年，东莞修了1006千米长的公路，看起来很长，但其中只有250千米符合国家等级公路标准。比如东深公路，不但路况复杂，而且弯多，道路坑坑洼洼，有的地方转弯半径只有五六米，比国家规定的标准少了三分之二，开车非常危险。改革开放后，随着外资企业的进驻，四五吨的集装箱货车也开进来了，特别是从香港到广州的货车经常借道深圳—长安—莞城路段，所以公路烂得格外快，损坏特别严重。当时香港的货柜车司机有句口头禅："不怕东莞佬，最怕东莞路。"由于路况太差，经常有汽车走着走着就陷进去了，甚至有些车直接报废在公路上。

当时东莞县领导已经发现，东莞的公路建设滞后，严重制约经济发展。由于广九铁路途经东莞并在石龙设站，当时香港同胞坐火车回莞大多需要经过莞龙路，所以莞龙路可以算是东莞的门面工程。县里决定将这条路作为试点，尝试将沙土路改造为水泥路。半年后，莞龙路顺利改造为水泥路，双向四车道，6米宽，厚度为18厘米，全长11千米，成为当时最好的路。路通财通，政府和老百姓很快尝到了甜头，前来投资办厂的外商随之增多，不少镇委书记纷纷请求县里给他们镇修一条好路。于是，从1980

耕耘岁月
一个东莞农民的创业之路

至1985年,东莞开始了第一波道路建设潮,每年由政府安排,在全县建设40～50千米的水泥路。

在这一波修路大潮中,最有代表性的是高埗大桥的修建。高埗四面环江,需花费3小时才能到莞城,农民想要到莞城卖菜,虽然只隔了一条江,

▲ 全国第一座"以桥养桥"的地方公路桥梁——高埗大桥

却要绕道石龙,多走20千米,有时人还没进城,蔬菜就已被颠簸坏了,非常不方便。为了修路,高埗人调动了一切可以调动的力量,并向信用社贷款60万元用于建桥。1984年1月,高埗大桥建成通车,成为全国第一座由农民集资建桥、过桥收费的桥梁。大桥建成后高埗直接连接万江,只要3千米路程就可以到莞城,极大解放了生产力,高埗镇的工业化水平因此有了跨越性增长。时任国家交通部副部长潘奇到东莞调研时,高埗镇在汇报时提出了"想致富,先修路"的口号,就这样,"要致富,先修路"这个经典口号开始在全国传开。

1985年2月,东莞被列为国家沿海经济开放区。经过几年时间的招商引资,东莞的来料加工发展迅速,但外界对东莞的印象还停留在昔日的农业县,这显然不适应东莞招商引资和持续发展的需要。东莞第一任市长郑锦涛曾提到,1985年初东莞县县委、县政府召开联席会议,会议一致赞成东莞申请撤县设市。会议之后,县政府立即打报告上报省里,但不久后因为不符合程序而被退回,即程序上应该由东莞县民政局上报省民政厅,再由省民政厅上报给国家民政部。不久,中央民政部就派人到东莞调查,对

耕耘南粤

▲ 1985年9月东莞撤县设市

居民人口、学校、医院等各个指标进行核查，结果是各个指标都符合。1985年9月，国务院批准撤销东莞县，东莞由此成为县级市。

  东莞撤县设市对全市统一开发、统一建设、集中资源的使用等起到了很大的作用。由于市里对土地的使用、基本项目的审核有了审核权，投资者对东莞有了更多的信心。当时，东莞采取的策略是，来料加工企业只要到东莞办厂就吸收；经过几年积累已经有条件与外商谈判后，转变投资方式，逐步由来料加工向合资办厂转变。市里鼓励各镇村的群众通过集资的方式建设厂房，然后与外资企业合作发展经济。群众有了厂房、有了经济来源，就可以不全依靠国家的财政支援，由此促成了各镇街大力兴建厂房。厚街仅1981年镇乡两级共建成厂房12.17万平方米，引进"三来一补"企业36家。长安等镇则先行一步，大胆建起了工业园，1982年建成的长安第一工业区，是东莞最早的工业园区之一，建筑面积2万多平方米，厂房12座，建成时仅有1家企业，三年后入驻企业便达15家。

  工业化的发展推动了城市化进程，农村就地城镇化成为东莞城市化

耕耘岁月
一个东莞农民的创业之路

进程的突出特点。东莞人开始从传统的农业生活方式向城镇化生活方式转变。各镇街开始大力兴建工业园、居民小区等，涌现了全国第一家超市——东莞美佳超级市场、全国首家农村镇级宾馆——荔香楼等。

这一切机缘，使林干能敏锐地意识到，这是属于东莞发展的好时机，也是属于建筑行业发展的好时机。

第一施工队

1985年下半年，林干能带着工程队从深圳返回东莞时，东莞各个镇村到处都在热火朝天地修路架桥、兴建厂房。昔日的农村通了公路，建了厂房，慢慢地变了模样。很多村民进厂当了工人，没进厂的妇孺老弱也可以在农闲时接诸如串珠等手工活赚一点外快，人们的生活水平有了很大的改观。生活好了，自然对住房条件、生活环境等有了进一步要求，许多老百姓开始兴建住宅，由此引发了整体进行城市规划的需求。于是，东莞开始谋划城市建设。

说到城市规划和建设，东莞在过去很长一段时间内被认为"城市不像

▲ 20世纪80年代初厚街镇中心区一角，行车的道路即原107国道（方锦龄供图）

城市、农村不像农村",更有人戏谑东莞"走过一村又一村,村村像城镇;走过一镇又一镇,镇镇像农村"。但仔细查阅资料后会发现,东莞并非没有城市规划,而是规划和建设跟不上经济发展速度。

据《东莞市志》载,民国时东莞县署设有建设科,负责管理全县建设工程勘查、测绘、设计和预算,县城设有泥水工会、抖木工会、壳灰工会等,从事建筑业的主要是个体匠户。1974年11月,东莞县成立基本建设局,负责全县基本建设的计划、管理和土地征用及施工队伍的安排、调度等。1982年2月成立东莞县建设委员会。次年,东莞县全面开展城市建设总体规划编制,这是东莞历史上第一次城市总体规划。当时县政府从公交、财贸、建设、农林水系统等各条战线中抽调了十多个人,组成了莞城建设规划领导小组办公室,编制了东莞历史上第一份《东莞县莞城总体规划说明书》。

在当时的规划中,倡导各镇建设环境优美、功能齐全的现代化新集镇,因此要求全县各村镇开展建设规划制定工作。各镇纷纷成立区、乡村镇建设领导小组,由副区长或副乡长挂帅,对本地区进行规划,至1985年6月全县524个村镇完成规划蓝图。这次历时3年的村镇建设规划,堪称东莞历史上第一次在全县范围内进行的规划。

但东莞的发展实在太快,原来规划的各项指标仅仅过了3年就提前实现了。于是1985年着手进行第二次东莞市城市总体规划编制,时间延展至2010年。但这个规划仍旧非常"短命",1988年东莞升格为地级市,总体规划不得不再次进行修编。东莞最近的一次城市总体规划发生在2014年,这一次东莞将规划时间延展至2030年,成为国内首个将城市总体规划年限延展至2030年的城市,编制范围涵盖全市2465平方千米。

与城市规划相对应的,是对建筑业的规范管理。1983年,东莞对全县施工企业进行技术资格审查登记。当时,只有东莞县、莞城、石龙的3家

耕耘岁月
一个东莞农民的创业之路

建筑单位获得甲类施工企业许可证，此外还有10家获乙类资质，有33家获丙类资质。那时林干能带着施工队尚在深圳，并没有参加此次资格审评。1985年，林干能带领建筑工程队返回东莞发展，而这一年东莞建筑施工队快速增长，年末注册的施工队达165个，仅厚街便有80多个建筑工程队。此时返回东莞，林干能面临着巨大的行业竞争压力。

1986年，东莞再次对全市注册建筑施工队进行资格审查，当时五级以上的施工队有72个。这次林干能的建筑工程队参与了资格审查并取得了资质。1987年，厚街成立城市建设办公室，对全镇的建筑施工队进行统一管理。林干能的建筑工程队因有着丰富的建筑经验，被列为"第一施工队"。凭着在深圳创下的良好口碑以及积累的丰富建筑经验，林干能的第一施工队在东莞建设大潮中可谓如鱼得水。

当时，由于经济快速发展，东莞人民的生活水平普遍有了大幅度提高，私人住宅建设因而进入高潮阶段。据市志记载，1979—1987年，全市村镇建房有124196户，占农村总户数的61%，住房标准也由原来的砖瓦平房提高为钢筋混凝土楼房。在这一期间，厚街人均住房面积由原来的8平方米增加了1.5倍多，新住宅楼如雨后春笋般冒出，形成了一条条新的村落，仅厚街圩内就先后建起了18条新村。

蒸蒸日上的经济发展势头使东莞发现，县级市也难以匹配东莞的经济发展。1987年，东莞再次向省民政厅提出报告，申请升格为地级市。不久，广东省民政厅、中央民政部相关领导分别到莞调查，一致认为，东莞各方面的经济数据已经达到地级市标准，唯有人口方面还有欠缺，但总体上不影响申报。1988年，东莞顺利升格为地级市。此后，东莞在国内外的影响力迅速扩大，尤其对于外商、港商、台商而言，地级市意味着更便捷高效的营商环境。

从1987年开始，东莞的外来劳动力来源由本省其他市县开始扩大到了省外，外地劳动力首次超过本地劳动力。通过吸纳外地劳动力的方式，东莞的城市务工人员数量开始爆发式增长。1988年，中共中央办公厅在一份调研报告中描述，东莞"吸收了全市劳动力15万人，外地劳动力17万多人"。这是一个重要的转折时刻，东莞由解决本地劳动力过剩问题转为向全国其他省市提供就业岗位。此后，东莞每年以超过10万人的数量吸纳外来劳动力，10年后的1998年，东莞外来劳动力达到199.1万人，首次超过148.8万人的本地户籍人口数量，随后更是以每年吸纳50万人的速度增长。

为了应对城市人口增长，1988年9月，东莞市明确提出要以基础设施的超前发展带动国民经济的腾飞。东莞根据自身特点，结合实际，在国家宏观调控指导下，自筹资金，重点抓好交通、电力、通信等基础设施建设。如何吸纳快速涌入东莞的外来务工人员，如何建立与经济飞速发展相匹配的城市，都是东莞升格为地级市后迫切需要解决的问题。因此，不同于改革开放初期时东莞初期的公路建设以及厂房和农民们的住宅建设，这一阶段的基础设施建设不仅仅是为招商引资提供方便，更是着力于提升城市建设水平。

▲ 20世纪90年代建设初期的厚街大道东（方锦龄供图）

耕耘岁月
一个东莞农民的创业之路

搭上东莞行政升级的快车，厚街镇各方面迅速发展。1985年，厚街被广东省批准为东莞市第一批13个工业重点卫星镇之一。1988年开始，厚街镇大搞基础设施建设，提升市容市貌，当年投资260万扩建东风路。1989年5月，投资980万元开通寮厦路口至石角码头的厚街大道，接着铺上水泥路面，并在路口竖起厚街标志。厚街标志是厚街的一道风景线，在厚街人眼里，它象征着厚街的发展如雨后春笋般蓬勃向上、节节高升。1990年10月，广深高速公路横跨厚街并设双屯出口，为厚街经济发展提供了又一个巨大的机遇。

作为厚街镇城市建设办公室管理的第一施工队，林干能带领建筑队大量参与厚街镇及附近厂房和道路的建设，先后承接了厚街标志路、珊美大道、东风路尾端、伟易达、三屯工业园、桥头工业区、桥头乡镇府、桥头假日酒店等重要工程。其中世界知名电子企业伟易达集团在东莞分别有厚街、寮步两处大型生产基地，最开始林干能的工程队只承接了厚街伟易达的厂房建设。由于工期准时，工程质量好，在随后的使用过程中极少返工或维修，当伟易达在寮步扩建时，特意指定仍由林干能的建筑工程队来承建。

▲ 厚街国际大酒店旧址（方锦龄供图）

林干能始终认为，质量高、信誉好才是一个建筑工程队的立足之本。在深圳从事建筑行业多年，他不靠关系，不借名号，单枪匹马从装修小工程干起，逐渐在人生地不熟的深圳特区立足，发展成为一支在当地颇有影响力的建筑队，拼的便是质量和口碑。回到厚街后，林干能带领的第一施工队虽由厚街城市建设办公室统一管理，但承接工程主要仍是依靠自身的努力和信誉。当时在第一施工队甚至有一个不公开的做法，即以品质为业务抓手，尽量承接私人、港商、台商的工程，减少参与政府投标项目。异地打拼过的林干能深刻地意识到，关系单纯的建筑工程更有利于守住自己对建筑业的初心，也更有利于事业的稳定和可持续发展。与其花费大量心思在某一个项目的招投标上，还不如实实在在做一个又一个的小工程踏实。

作为土生土长的厚街人，目睹家乡日新月异的变化，而且这个变化中还有自己奋斗的身影，林干能内心十分欣慰。他曾思考过这样一个问题：自己曾在深圳承包各种各样的建筑工程，为当地人建房装修、搭建厂房，虽提高了个人收入，但毕竟只是在为他人做嫁衣裳；而东莞和深圳相距不远，什么时候也能像深圳一样，成为外商和外来务工人员挤破脑袋也想去的地方？如今他们真正回到了自己的家乡并参与建设，看到家乡的发展就如同看着自家果园结出了丰硕的果实，喜悦和自豪油然而生。对于热爱家乡、热爱建筑行业的林干能来说，回到厚街承建的每一个工程的质量和细节都带有特殊的使命和温度，因为这些工程是为自己而建，为家乡而建，更是为子孙后代而建的。

做大做强

穿越四十多年的时光再回看1980年代，林干能常感慨不已，感叹改革开放给中国带来了深刻变化，也感叹当时东莞人那种敢想敢为、努力向上

耕耘岁月
一个东莞农民的创业之路

的精气神。他常自谦自己只是个农民，没什么文化，而事实上他却一直关注着改革开放的政策和大势，并随时调整自己的思维，紧跟时代的脚步。

整个1980年代，东莞从"三来一补"起步，大力引进港商、台企和国际资本，经济迅速发展。1991年，由于重视搞好投资环境的建设，东莞被外商誉为"投资者的天堂"。1992年，东莞制定了《东莞市追赶亚洲"四小龙"经济社会发展规划纲要》，提出东莞市要力争用十五年（从1990年计起）时间左右，使经济及社会发展的总体水平达到亚洲"四小龙"当时的平均水平。"亚洲四小龙"是韩国、中国台湾地区、中国香港地区和新加坡四个当年发展迅速的经济体，东莞作为一个升格地级市不久的沿海城市，提出如此宏大的发展目标，可见当时的发展势头之猛。

在发展经济的同时，东莞将城市建设再次提上议事日程。1992年8月，东莞提出"按现代化城市格局建设东莞"，把东莞建设成以城区为中心，以镇为卫星城市，以管理区为小市镇，用现代化交通和通信网络联结起来的组团式现代化城市。

厚街镇经过20世纪80年代的发展和积累，到1990年，乡镇企业总产值达到三亿四千万元，在全国乡镇企业百强中名列第九十六位，各种荣誉也随之而来。1991年，厚街被评为"全国乡镇企业百强镇"。1992年，厚街镇被国家民政部评为"中国明星镇"，被国家农业部评为"乡镇企业先进镇"。

为了适应建筑行业日益规范化和科学化的要求，也为了使第一施工队做大做强，林干能决定以第一施工队为班底成立建筑公司，并申报建筑资质。1998年11月26日，东莞市华源建筑工程有限公司注册成立，注册资金为1亿元，成为当时厚街唯一具有三类建筑资质的建筑企业，由自深圳开始便跟随林干能、后担纲第一施工队运营管理的二弟林正全担任公司总经理。东莞市华源建筑工程有限公司自此逐渐走向规模化和规范化发展之路。

说起弟弟林正全，林干能的语气中既有骨肉兄弟之间特有的亲昵，也有事业搭档间的相互欣赏和信赖。二弟林正全为人老实,非常孝顺长辈,对事业、对家庭都有很强的责任心。他爱好长跑,常热心参加全国各地的马拉松(全马)比赛,且获得相当好的成绩。这项运动不但锻炼了他的意志力和铁骨般的体格,更使他形成坚韧不拔、刻苦耐劳的奋斗精神,这正是林干能极为欣赏的品质。

林干能常说:"兄弟同心,其利断金。"每每谈到兄弟二人当年在深圳艰苦创业和同甘共苦时的情景,以及后来四十余年的亲密合作,他都十分感念林正全在他事业发展的各个阶段深度耕耘与默默奉献。他曾表示,华源建筑工程有限公司、华源企业集团等能拥有今天的成绩,特别是华源建筑的不断升级、成为一级工程队等,都离不开弟弟林正全的全身心投入和奋力拼搏。

2004年,华源建筑工程有限公司全面推行电脑化管理,公司管理规范化进一步升级,随后获得建筑工程施工总承包二级资质。当年的第一施工

▲ 林氏三兄弟(林正全、林干能、林淦泉)

耕耘岁月
一个东莞农民的创业之路

队能发展成为如今拥有二级资质的大型建筑企业，林干能深感欣慰。他感慨地说："早年骑单车给工人发钱，后来骑摩托车给工人发钱，再后来开台旧的士给工人发钱，现在再也不用发现金了，全部由电脑自动结算。"

东莞市华源建筑工程有限公司自建立以来，经过不断发展壮大，已具有雄厚的经济基础和较强的技术力量，拥有一批先进的施工机械，能满足大型房建施工需要，并建立完善的质量管理和安全生产管理体系。秉承林干能一贯的建筑理念，公司始终坚持以"质量第一、以人为本""优质、高效、安全"为宗旨，不断完善管理体制，严抓施工质量、安全生产和文明施工，精心施工、科学管理，在追求良好经济效益的同时自觉履行社会责任。在采访中，林干能表示，因为只想低调地做建筑，不愿冒头，东莞市华源建筑工程公司主要以建设自有物业和产业为主，很少参与政府项目招投标，也很少参与多家公司角逐的热门工程项目的招投标。公司已承建了一批中大型建筑，较具代表性的工程有53层高的嘉华大酒店、49层高的厚街国际大酒店、惠东金海湾嘉华度假酒店、面积35万平方米的广东现代国际展览中心世博园、增城嘉华温泉度假酒店、慕思新工业园、楷模生态工业园、惠州龙门南昆山嘉华美泉谷等。

回首近60年的建筑生涯，林干能十分感慨，他本人自年轻时便对建筑工程有很大的兴趣，对建筑装修艺术有某种天然的领悟，这促使他在技术上力求精益求精，每一项工程对他而言都是一个学习过程、一个进步和成长的机会，尤其深圳六年的建筑生涯，使他积累起了丰富的建筑和管理经验。当时东莞建筑队能去深圳承接工程的并不多，曾经也有隔壁村的施工队前往深圳，但发展一般，林干能的建筑队是唯数不多在深圳立足并建立了良好口碑的工程队，对此他一直深感自豪。他认为自己的工程队之所以能在深圳立足并发展，关键原因在于对自我的要求严格，不仅在技术上一直追求进步，更重要的是要求工程需以质量为上，以品质取胜。

此外，林干能还屡次提到，二弟林正全在自己创业的艰苦岁月中发挥了不可或缺的作用。他说，在四十多年的时光中，林正全对自己事业的发展全力支持、无私奉献和默默付出，是兄弟之间的深情厚谊以及弟弟的倾力相助，才使自己一步一步地走到了今天。他对林正全的认可与感恩溢于言表，兄弟同心，让人动容！这也是华源人同心同德、共同拼搏未来的一个例证。

时至今日，建筑业在广东华源企业集团里已只是若干产业中的一个板块，作为广东华源企业集团的董事长，林干能依然保持着对建筑工程的关注和热爱。每逢公司承建大工程，他都会亲自参与设计和施工，对每一个建筑环节都严格要求，尤其对细节特别关注，严把质量关。他甚至关注到了工程项目的园林设计，会饶有兴趣地参与那些花花草草、山水景观的设计和选择。于他而言，建筑工程已经不单纯是一项业务，而更像是一门艺术，还包含着企业文化。从这门艺术中，他体会过成长的喜悦，创造过成功的案例，获得过赞誉的掌声，也造就了今日的自己。

▲林干能（摄于2009年）

搭上家具制造的顺风车

"不管哪里下单,都在东莞制造"

1985年回东莞创业的林干能亲历了东莞制造业从"三堂经济"起步,到世界知名企业汇聚,直至成为国际知名的制造名城的全过程。

1978年,东莞以创办全国第一家"三来一补"企业太平手袋厂为契机,以"三来一补"业务为突破口,经过20世纪80年代初期"村村冒火、户户点烟"的"三堂经济",走出了一条外向型经济发展道路。不仅吸纳了本地30万富余劳动力,还通过逐渐积累资金建造标准化厂房,完成了农村工业化的原始积累。1984年9月,中共东莞县第五次代表大会提出"向农村工业化进军"的发展战略,从此,东莞加快推动"借船出海",大力引进港资、台资和国际资本。到20世纪90年代中期,经济形态完成了从小生产内源型到大生产外向型的转变,逐步建立起以机械、电子、纺织、建材、食品、饮料、家具、玩具等行业为主要支柱的外向型工业体系。

1994年,东莞市第九次党代会提出开展"第二次工业革命",推动加工贸易由劳动密集型工业向技术密集型工业迈进,由数量型经济逐步向质量型经济转变,加快追赶亚洲"四小龙",率先实现现代化[1]。"第二次工业革命"战略的实施,标志着东莞经济开始了升级转型。招商引资方

---

[1] 中共东莞市委党史研究室. 不懈探索 成就辉煌:东莞市改革开放历程概述[N]. 东莞日报 2018-12-26(A04).

面,由引进港资为主转变为多元引资,着眼点逐步转移到欧美、日韩以及我国台湾等工业发达的国家和地区,引进项目以高新科技、IT业为主。由此,IT业迅速发展成为东莞第一大产业,IT产品成为东莞外贸出口最重要的商品。

2001年中国加入世贸组织后,东莞推动加工贸易转型升级,外贸进出口额逐年上升,2007年外贸出口突破1000亿美元,占同期全国进出口额的4.9%。至2008年,东莞出口总额达655.37亿美元,比1978年的0.39亿美元增长了1679.4倍[1]。在相当长的时间里,东莞的外贸出口保持在全国大中城市前列,"加工贸易之都——东莞"由此在国际上声名鹊起。其中厚街家具生产和销售在国际和国内都有很大的知名度,每年有40%以上的家具远销海外,占全国家具出口的20%,外销的主要目标市场是东南亚、美国和中东地区。

制造业的飞速发展使外界开始关注东莞这座珠江东岸的沿海小城,人们对东莞"世界加工厂"的地位津津乐道:"东莞塞车,全球缺货""中国服装五分之一产自东莞""有寒冷的冬天,就有大朗毛衣""全球十双鞋,东莞产其一""世界最大的玩具出口基地""想看美洲家具,到美国高点;想看欧洲家具,到意大利米兰;想看中国家具,到东莞厚街""全球每五台手机中就有一台在东莞制造"……诸如此类有关东莞的报道和说法频频出现在各大报刊上。

这些坊间传言虽然有夸张成分,却也在一定程度上反映了东莞制造业的声誉之盛。历经改革开放以来的发展,东莞抓住时代机遇,利用毗邻香港、面向海洋的区位优势,以制造业立市,并在发展中谋求转型升级,打造制造名城。东莞现象已成为中国改革开放一个突出的典型,张德江视察

---

[1] 东莞市地方志编纂委员会.东莞市志[M].广州:广东人民出版社,1995.

耕耘岁月
一个东莞农民的创业之路

时曾称东莞是"中国改革开放一个精彩而生动的缩影"。中央办公厅调研室曾分别于改革开放十周年、二十周年时到莞调研,先后留下了"东莞是我国沿海农村社会主义建设的成功典型""东莞为我们加快经济建设提供了有普遍意义的经验"的评价。2008年中央政策研究室、中央财经领导小组办公室组成中央调研组对典型地区进行专题调研,东莞被确定为全国18个典型地区之一。

身处东方家具之都

1986年初双岗籍港商万沛洪回到双岗创办村里第一间家具厂时,林干能也带着建筑工程队从深圳返乡,开启在东莞的创业历程。当时林干能并未意识到万沛洪开在会堂里的家具厂会给双岗甚至厚街带来巨大而深刻的变化,他带着建筑队一头扎进了厚街及周边各地热火朝天的工厂和公路建设工程之中。

万沛洪少年时曾从事芦底席编织。芦底席用于土炕或木床上,是传统家具中比较重要的配套用具。双岗自古盛产莞草,草织业发达,许多人在从事草织业时接触到家具和装修行业,自然而然地形成了对家具行业初步的职业敏感。十几岁时万沛洪偷偷跑去香港谋生,凭着才干和勤奋,在香港开起了规模不小的装修公司,兼给客人定做家具。改革开放后,由于香港劳动力成本上升,万沛洪尝试把家具厂迁回家乡,从村民中聘请工人,设备、材料则是从香港运回,家具做好后再运往香港销售。为培训好工人的制造和喷漆技术,他专门从香港调来6名专业技术员手把手地进行指导。

榜样的力量是无穷的。见万沛洪做出来的家具款式新颖,销售火爆,村民们争先恐后涌入家具行业。家具业门槛低,只要有木工技术,搭个工棚,买几块夹板材料,几个人、几台机器就能开厂。没过两年,双岗就建成了30多间做夹板家具的家庭式小作坊。白天他们在工棚作坊里敲敲打打制造家具，晚上便开着手扶拖拉机带着几样柜子、桌子在马路边摆摊售卖。

20世纪90年代初，随着港台经济的转型，大批港台家具厂商到东莞投资建厂。他们看中了双岗已经较为完整的家具产业链，纷纷入驻双岗。1991年台商易展公司也来到双岗，成为第一家落户双岗的台商家具企业。随后，越来越多的港台家具企业落户双岗，这些企业中不乏兆生家具等港台及国际知名的家具品牌。这些知名家具企业及品牌的迁入，不仅带来大量资金，还带来了先进的生产技术、设备和管理，以及新潮的产品设计、灵通的信息渠道和全新的现代家具市场营销观，并摸索出一整套"台湾接单—东莞生产—香港出口"的经营模式。

"港商对厚街家具业做出了重要的贡献。"林干能在采访中说，"双岗家具业的兴起是从买卖原材料、搭建简易厂房、设立正式工厂一步一步

▲双岗村新貌（摄于2022年）

耕耘岁月
一个东莞农民的创业之路

▲ 新建的双岗大桥

逐渐发展起来的。最初由香港人带动台湾人，然后台湾人带动本地人，再由本地人带动外地人，后来本地人以出租厂房为主，目前双岗从事家具业的以外地人居多。"其间，林干能在厚街承接了许多家具厂房的建设，他本人也建起了自有厂房，用于出租给外来从事家具及家具配套业的创业者。

家具制造业的兴起带动了厚街木材、五金、机械、皮草、装饰品等配套产业的发展。很快，双岗出现了大大小小共300多家配套产业店，逐渐形成了较为完善的产业链。据双岗村委会统计，仅1995年，双岗村1800户人家中，光开家具厂的就有200户，全村一半人涉足家具行业。当时，厚街镇有20多个村委会，双岗一个村家具工厂的数量和家具的产量、销量便占据了厚街的半壁江山。到1999年底，厚街兴业木材夹板市场试营业，之后逐渐成为厚街镇乃至华南地区最具规模的木材夹板集散中心之一。

双岗家具业的兴起有些出乎林干能的意料，也使他感到由衷的高兴。

　　不过当时他并未想过自己也会开一家家具厂，只是一心一意地干着他的建筑工程。但刚高中毕业的大儿子林集永却有了自己的想法，他承继了林家心灵手巧、头脑灵活的传统，不满足于父亲奋斗多年创下的家业，也不甘仅是顺从地接手父亲热爱的建筑事业，而是看准了双岗日益兴旺的家具配套行业。

　　随着改革开放的广泛深入，人们的生活水平不断提高，再加上各大城市逐步取消福利分房，国内许多省市的房地产业发展迅速，对家具的需求呈现出井喷式增长。20世纪90年代初，当时广东顺德家具广为人知，并已走向集群化发展，在乐从325国道旁形成了规模壮观的十里家具城，来自全国各地的家具经销商都到乐从批发采购家具。双岗的家具老板们看准了商机，纷纷去乐从开店，于是出现了厚街家具业"双岗生产—乐从销售—走向全国"的经营模式。家具业的兴起自然带动了大量木材需求，一些双

耕耘岁月
一个东莞农民的创业之路

岗人看准时机和市场需求,又结伴前往四川、广西等地贩卖木材。相对家具生产,买卖木材投资少、见效快,是家具产业链中不可缺少又比较容易入行的一环。二十来岁的林集永有着和父亲年轻时一样勤奋踏实的品性,看准了便二话不说跟随前辈们奔波四川、广西等地商谈、订货,努力开创自己的事业。

1999年,厚街镇政府将双岗村的水泥路升级为城市主干道。由于当时双岗200多家家具企业大多聚集在这条道路周围,这条路自然而然更名为家具大道。贯穿双岗村东西方向的家具大道的崛起,进一步改变了双岗家具业的命运。同年3月,一年两届的国际名家具展首次在家具大道旁的双岗家具城举办,随后厚街国际家私城、广东现代国际展览中心等家具展场相继落成并投入使用,家具大道与展馆连成一片,由此形成辐射海内外的大市场,厚街因而迅速发展成为国际知名的"中国家具展贸之都"。

改革开放初期曾与林干能一起合伙在深圳从事运输业的妹夫方沛德

▲刚建成时的家具大道(新塘村委会陈煜供图)

▲第一届国际名家具展开幕式现场

耕耘岁月
一个东莞农民的创业之路

1987年时即办起了家具厂,是双岗本地人最早开办的家具企业之一。1999年,被推选为双岗村委会主任的方沛德在一次接受媒体采访时侃侃而谈:

"有了家具大道和一年两届的名家具展后,我们这些原来远走乐从的双岗家具老板纷纷回来了,把那边的门面退掉,回到家门口——家具大道两旁开设了展示厅和销售总部,并参加名家具展。前来看样、订货、下单的客人络绎不绝,国内外的订单纷至沓来。更重要的是,依托家具大道,双岗家具业开始由内销为主向出口外销转型。"他接着说,"那时双岗家具业圈内人交谈时,很少听说再去乐从设门店销售了,大家在家里一聚头便都在谈出口。"

从20世纪90年代中期开始,厚街家具开始大规模由国内市场扩展到国际市场。据《东莞市外经贸志》统计,1995—2010年,东莞市家具出口额逐年递增,1995年出口额为1.21亿美元,自1999年开始增速迅速扩大,由1998年的2.99亿美元增长到2010年的32.1亿美元。短短十年时间里,东莞家具出口额增长了10倍以上,即使在2008年金融危机的情况下,依旧实现了小幅增长。至今,国内外家具行业还流传着这么一句话——"中国家具看广东,广东家具看东莞",熟悉东莞家具业的人一般还会加上一句"东莞家具看厚街"。

东莞各级政府看到了厚街家具业发展的大好形势,开始有意识地引导镇街发展产业集群,厚街家具从原材料工艺、配套零部件生产到家具销售的垂直产业链不断完善,并促进了厚街酒店、餐饮、物流、电信等产业的发展。在2020年中国会展经济研究会年会暨中国会展经济(东莞)论坛上,厚街获评全国唯一的"中国产业会展示范区"荣誉称号,并连续三年获得"中国最佳会展目的地名镇"殊荣。截至2021年,厚街镇拥有家具及其配套企业近4000家、家具原材料市场及大型家具卖场近20个,从业人数超10万人,是国内家具行业产业链配套最完善的地区之一。

不仅为了家族传承

许多双岗的家具老板创业都有一个相似的过程,即先从事投资少、见效快的木材买卖,前往木材原产地广西、四川等地找到合适的渠道,再回厚街联系好商家或家具厂收购,在一买一卖之间赚取木材差价。有了一定资金积累后,在双岗附近搭个窝棚囤木材,淡季囤、旺季销,慢慢发展成木材商。当摸熟了行业门道且积累了足够的资金后,其中一些富有创业精神的双岗人便不满足于只销售原材料,于是开始尝试买几台机器,雇几个工人生产家具。20世纪90年代起,全国各大城市大量兴建商品房,对家具的需求量极大,厚街生产的家具基本没有滞销的。这些窝棚里的家具小作坊慢慢发展壮大,最后不仅设立了正式的工厂,还创立了自己的家具品牌,加入国内外家具品牌竞争的行列。

林集永最初从事家具行业,正是走木材买卖这条路子。眼看着长子林集永年纪轻轻便四处奔波,林干能既心疼也欣慰。他决定投资家具业,不仅仅是为儿子的事业搭建平台,也因为家具业已成为双岗甚至厚街的特色产业,大力发展家具业既是政府推动,也是地方需要,更是当地经济持续发展的必然要求。

1994年5月27日,林干能成立东莞市华源实业有限公司,主要经营家私、室内装饰、装饰材料、建材、钢材等项目。这是林干能首次涉足建筑业以外的行业,也是他从事家具行业的开始。

20世纪90年代中后期,随着家具及其配套产业的进一步发展,尤其1999年东莞首届名家具展览会后,双岗家具厂的老板们逐渐意识到为香港、台湾的家具公司做贴牌生产终究不是长久之计,必须有自己的品牌才能在激烈的竞争中立于不败之地。

1998年1月20日,林干能成立东莞市大志家具有限公司,并创立约克公爵家具品牌,林集永作为法定代表人负责经营管理。约克公爵家具品牌

耕耘岁月
一个东莞农民的创业之路

主打美式家具，主要出口美国，产品设计、产品做工和雕饰都是原汁原味的美式风格。美式家具源于18世纪欧洲古典文化，却没有巴洛克和洛可式的新奇和浮华，而是强调实用性，常用浅浮雕镶嵌装饰。约克公爵家具针对的消费群体以事业成功的绅士、企业经理或是海外留学回归人员为主，他们大多对美式家具有独到的见解与喜爱。2007年初，大志家具凭借在国际家具市场上积累多年的经验，开始转型于国内市场，在中国构建加盟连锁零售网络。经过不懈努力，目前已在全国各大城市发展加盟连锁店近80家。另外，正是有赖于大志家具公司，林干能后来创立的嘉华酒店集团属下所有酒店的家私、个性化定造及需要装配的家私、木饰都得到了强有力的支撑，可以说大志家具并起到了至关重要的作用。

慕思寝具是华源企业集团合作投资的又一家具国际品牌。该品牌于2004年创立，在全球首创了健康睡眠系统，并设立了全球首个全球睡眠文化产业基地——慕思全球睡眠文化产业总部基地，基地包括睡眠博物馆、设计研发中心、精准生产线、组装中心、展示中心、营销中心、培训中心、中转物流中心、睡眠体验中心和员工生活配套中心等。2021年，慕思获得"中国品牌影响力100强"和"2021中国品牌（行业）十大创新力企业"荣誉。旗下V6家居时尚床架产品（BFD1-131）斩获第22届中国外观设计优秀奖，是慕思首次获得该专利领域的国家级奖项，也是本届中国专利奖寝具行业唯一获奖单位。

慕思另立家具品牌是大志家具的一种提升，是由林集永策划并作为发起人组建成立的，这是一种新的突破。一方面是为了契合现代人体睡眠健康的迫切需求和追求，另一方面则是为了适应时代的进步和发展，慕思以文化立品牌，将走品牌化、规模化的路子作为未来的发展战略。慕思寝具有自己的管理团队和品牌战略，华源企业集团成为其发展壮大的强大后盾。

打好会展这张牌

水到渠成的"中国会展名镇"

厚街会展业起步于1999年首届名家具（东莞）展览会。

20世纪90年代，随着厚街家具产业规模的扩大，尤其大量港台家具企业迁入之后形成巨大带动效益，家具产业社会分工日渐深化，整个产业从原材料采购、机械设备采购、零配件加工及供应、成品装配到营销、配送、咨询、设计基本都实现了专业化，形成了从上游到下游互相协调、相对稳定的产业链条。厚街先后经历过"台湾接单—东莞生产—香港出口"以及"双岗生产—乐从销售—走向全国"两种经营模式，到20世纪90年代末，厚街专业化的家具成品市场、木材市场、零配件市场和机械及维修市场也都有相当规模，成为珠三角地区家具的集散地和辐射源。

但即便如此，当时厚街家具的名气仍然远不如广东顺德乐从家具。原因之一是乐从325国道两旁，各种类型的家具店绵延数千米，形成了壮观的十里家具城，全国各地的批发商都潮涌般前去采购。双岗家具老板们看中了乐从的销售渠道，也纷纷去乐从开店。据较早开办家具厂的方沛德说："我是1994年去乐从开门店的，当时每平方米租金才10多元，后来租金一路飙升，先后达100元、200元、500元每平方米。租金不断攀升，但没办法，还得做。因为双岗的家具业虽然形成了庞大的制造工厂，在厚街却没有自己的销售市场和展览平台。"

1998年前，厚街家具企业参加家具展必须到广州和深圳，由于展位供

耕耘岁月
一个东莞农民的创业之路

不应求，许多企业被拒之门外，没有属于自己的展销平台成为厚街家具业发展的瓶颈。1999年，在东莞市商务局及厚街镇政府的推动下，首届名家具（东莞）展览会在双岗新落成、面积约4万平方米的名家具展示中心拉开帷幕，当时参展企业有232家。曾参与该展筹备工作的原东莞名家具俱乐部副秘书长方润忠回忆，当年名家具展在筹备时，因为是新兴展会，筹备组的工作人员只能逐一拜访全国各地有规模、有影响力的家居企业，说服工厂负责人前来参展。连续出差、早出晚归是小事，最重要的是常常被工厂保安拦住，得想尽办法才能见到工厂负责人。尽管过程艰苦，但结果喜人，为期4天的首届名家具（东莞）展览会取得圆满成功，由此开启了厚街自办展会的历程。

面对首届名家具展的成功，东莞市及厚街镇两级政府敏锐地意识到会展平台对于产业发展有着巨大的效益。有数据统计，国际上展览业的产业带动系数大约为1∶9，即展览场馆的收入如果是1，相关的社会收入即为9，交通、旅游、酒店、餐饮、购物等行业都会随会展业而动，与会展经济一起形成一条较长的第三产业消费链。东莞是外贸出口大市，不仅厚街的家具、玩具、鞋袜箱包，而且其他东莞的机电设备、电脑资讯产品、服装等都需要通过平台打通与世界联通的渠道。

在经过大量分析和调研后，东莞决定顺应社会主义市场经济规律，进一步响应改革开放，将会展业推向市场，从而推动厚街家具、会展及酒店业发展，进而推动整个东莞产业发展。1999年6月22日，东莞名家具俱乐部成立，主要由厚街有代表性的家具企业及相关行业单位自愿组成，俱乐部重点为会员提供信息、技术、产品设计、市场开拓、行业交流、业务培训等方面的服务，增强会员企业的市场竞争力，推动东莞家具品牌、家具名厂的发展，并携手香港家具协会，共同打造国际家具产业，打开国际市场窗口。同年12月6日，名家具展被广东省对外经济贸易合作厅批准为国际展,并从第五届开始冠以"国际"称号,名家具展由此更加趋向国际化发展。

2000年12月,厚街镇政府主导成立广东现代国际展览有限公司,23个村委会和5家企业共同持有公司股权,林干能的东莞市华源实业有限公司成为首批股东之一。据当时主持此项工作的负责人解释,那时中国改革开放仅二十余年,许多经济发展举措都处于探索阶段,大家摸着石头过河,不敢把步子迈得太大。当时全国各地都是由政府牵头办展,为了保持广东现代国际展览有限公司的公有制主体性质,故而严格地按照国有或集体占股三分之二、民营企业占股三分之一的标准进行股权划分。政府推动会展业是利于厚街和整个东莞经济发展的大事,对当时的林干能而言,能成为广东现代国际展览有限公司的首批股东,更多的是一种荣耀。

与此同时,位于厚街家具大道2号的广东现代国际展览中心奠基。2001年5月,广东现代国际展览有限公司成为国内第一家加入香港展览会议协会的机构。2002年3月18日,一期工程3号馆建成启用,成功举办了第七届国际名家具(东莞)展览会,展览面积达13万平方米,参展企业有415家,10万人前往参观,一举成为当

▲广东现代国际展览中心奠基石

耕耘岁月
一个东莞农民的创业之路

▲广东现代国际展览中心建设初期的工地

时亚洲单体建筑规模最大的专业家具展览会。

随后,依托广东现代国际展览中心,厚街会展业蓬勃发展,先后有亚洲博闻、励展集团、美国电子电路和电子互联行业协会、香港通信公司等国际展览公司在厚街办展。2003年底,在北京人民大会堂举办的首届中国会展经济论坛上,展览中心董事长陈仲球发表演讲《一小时经济圈与创建中国展览名镇》,提出了打破中心城市办展的传统理念,介绍了东莞厚街会展业的发展情况,广东现代国际展览中心因而引起业内关注,"厚街·中国展览名镇"也随之走入海内外业界视野。与此同时,厚街镇通过《关于全面创建中国展览名镇的决定》,提出将厚街建成国内著名展览基地及国际知名展览基地的发展目标。1999—2005年,

耕耘南粤

厚街先后举办了14届名家具展览，展览规模达166万平方米，参展企业近6000家，参展人数达150多万。在这期间，名家具展参展商从以珠三角地区的家具企业为主，逐渐发展到两岸三地精英汇聚，集中了祖国大陆和港台地区七成以上的市场知名家具品牌。许多欧美和东南亚的知名企业也纷纷慕名而来，名家具展逐渐成为国际化的大舞台，影响力持续提升和扩大，被公认为中国家具展第一品牌，并成为业界了解家具市场走向和行业态势最重要的窗口。

▲家具之都　展览名镇——建成后的广东现代国际展览中心（方活力摄影）

面对名家具展良好的经济和社会效应，厚街名家具展组委会觉得有必要进一步强化和扩大品牌影响力。在经过深思熟虑后，组委会决定为名家具展申请加入全球展览业协会，以大力推动名家具展走向国际。全球展览业协会英文简称为UFI，1925年在意大利米兰成立，总部设在巴黎，是世界展览业最权威的国际性组织。2003年名家具俱乐部参加了UFI在泰国举办的年会，会上与来自全世界的展览界人士多方交流，坚定了名家具展加入UFI的决心。

2004年名家具展正式向UFI递交论证申请，2005年2月名家具展被列入国家商务部重点支持展会名单，成为全国家具行业唯一入选项目。同年10月，UFI第72届年会在莫斯科举行，会上名家具展的入会申请经过UFI的严格考核，被全体会员表决通过。会员们一致认为，名家具展在国际化、品牌化和专业化等各方面都满足UFI的要求，是优质的全球性贸易展览会。在随后公开发行的UFI官方杂志上，刊登了权威调查机构公布的亚洲最具规模展览会前十名单，名家具展赫然在列，位居第七，在亚洲众多的家具展览会中一枝独秀。至此，名家具展正式成为一个获得国际展览专业协会认可的全球性贸易展览会，是中国第一家通过UFI权威认证的家具展，并允许使用UFI认证标志。名家具展顺利通过UFI国际化认证，奠定了其中国家具第一品牌的地位，标志着名家具展已成为国际高品质的专业展览会以及国内外家具经销商广泛关注的展览会，这预示着厚街家具进一步推进全球化进程的良好开局。

2006年，在北京举办的首届政府主导型展会创新发展论坛上，"东莞会展模式"被正式提出。在这次论坛上，与会专家提出了东莞和义乌两大新型会展模式，其中东莞会展模式被总结为"产地办展"模式，受到与会专家的极大关注和热烈讨论。

2007年，厚街获评"中国会展名镇"称号。2013年，在第六届中国城市会展发展大会暨政府主导型展会创新峰会上,厚街镇委书记万卓培向全国介绍厚街会展产业从产地办展走向展贸一体的发展历程,引起强烈反响。这次会议上,厚街因创办国际名家具展会荣获"中国新城镇建设文化会展创新奖","产地办展"的东莞会展模式在业内深入人心。

厚街会展业的发展也带动了整个东莞会展经济的发展,各镇依托当地特色产业举办各类专业工业展览,形成了会展业和制造业相互促进、融合发展的局面。截至2018年,厚街拥有包括广东现代国际展览中心在内的7个大型展馆,展览面积达27万平方米。依托优良的办展条件、鲜明的产业特色和优质的酒店服务体系,以名家具展为龙头,完善展览业的配套服务和市场化操作,厚街展览业逐步朝专业化、规模化、国际化、商业化方向发展。

民营企业办会展

虽然成了广东现代国际展览有限公司的首批股东,但已深耕建筑行业多年的林干能原本并没有经营会展业的打算,他之所以参与公司经营,很大程度上出于一个企业家对家乡的热爱以及对政府发展举措的大力支持。后来,他先后成立了广东现代国际展览中心有限公司、广东现代会展管理有限公司,成为厚街乃至东莞会展业发展的领军人物。说起广东现代国际展览中心,林干能爽朗的笑声中带着几丝无奈,他说:"全面接手经营广东现代国际展览中心之前曾犹豫了很久,这其实是一种十分冒险的行为。"

故事还得说回二十多年前。

1999年,在双岗家具展览中心举办的名家具展颇为成功。2000年,厚街镇政府牵头成立广东现代国际展览中心有限公司,2002年建成了当时亚洲单体面积最大的展馆——广东现代国际展览中心。展览中心占地面积33万平方米,室内展览总面积达15万平方米,室外展场面积9万平方米,可提供5500个标准摊位。虽然有高标准的会展硬件条件，但发展会展业并没有想象中那么容易。

"办会展是做起来面上热闹，实际上内里冷清。"林干能笑着说。上级部门开始考虑能否进一步解放思想，把步子迈得更大一些，对广东现代国际展览有限公司进行改制，将之全面推向市场，自负盈亏，而政府主要起规划和引导作用。2004年下半年，厚街镇开始考虑推动广东现代国际展览有限公司改制，在此之前先走访和调研了几家意向企业，首批股东之一林干能的华源实业有限公司成为首个调研单位。

但这次调研并没有取得令人满意的结果。林干能对于收购各村的股份、全面接手经营广东现代国际展览中心存在很大的顾虑。他一向行事求稳，虽然觉得办会展业是利于地方产业发展的大好事，但当时全国没有民营企业经营会展的先例。2002年广东现代国际展览中心建成以来，在政府的大力推动下，有良好的硬件设施和有强有力的财政支持尚且无法盈利，自己接手又该如何才能改变这个局面？更何况经营会展还不是目前最需要考虑的事，林干能最担心的是变更广东现代国际展览有限公司所有权的问题，他预料到这将是件极其敏感并特别烦琐的事情。

随后镇政府又出面考察了厚街另外几家意向企业，但谈判结果都不是十分令人满意，广东现代国际展览有限公司改制的事情由此被迫搁置下来。2005年前后，厚街镇政府再次推动改制事宜，采取了公开招投标的形式面向市场进行股权转让，最后林干能的华源实业有限公司接受了条款。此事虽经一波三折，而且经过一年多时间的犹豫，背后林干能考虑了很多，虽然他仍然没有完全打消当初的顾虑，但自己身为厚街双岗人，是依靠本地成长和发展起来的企业家，无论从自身发展的角度，还是从支持家乡经济建设的角度，他都不能临阵落跑。他想起了自己当年前往深圳时接的第一单水刷石工程，那时候何尝不是一次孤注一掷的冒险？在从来没有接触过水刷石工艺的情况下，他接下了首单工程，并且成功地完成了任务。无论行不行都先干了再说，这才是属于林干能骨子里决不言败的精神。

事情向好的方向发展，林干能的华源实业有限公司在本次谈判授让中接受了厚街镇委、镇政府所提出的相关条款，此后广东现代国际展览有限公司改制成功。2006年5月，林干能成立广东现代会展管理有限公司，一体化经营管理东莞两大专业展览场馆——广东现代国际展览中心和位于市区的东莞国际会展中心。授让后签订合同当天，厚街镇委、镇政府对此事高度重视，由政府牵头并召集政府主要领导以及相关职能部门负责人近百人前来见证签约仪式。

广东现代国际展览中心改制后，在地方政府的引导和支持下，开始逐渐由政府主导办展转型为市场化和专业化办展模式。林干能表示，尽管广东现代国际展览中心变更为民营企业，但依然得到了地方政府极大的支持，形成"一方办展，全镇支持"的办展模式。厚街镇委、镇政府把展览业作为支柱产业发展，积极争取上级政府及有关部门单位的支持，并成立厚街镇展览工作领导小组，负责展览经济的发展规划及展览业的协调领导，同时要求镇属各有关部门、单位和各村委会要积极支持展览业的发展，为举办的各个展览会提供高效、优质的服务，及时解决有关问题，营造优良的政务环境和社会环境。尤其值得一提的是，东莞太平海关与广东现代国际展览中心有限公司就规范和加强对展品的监督管理达成一致，于2005年10月28日在厚街广东现代国际展览中心举行有关加强对展品监督管理备忘录的签订仪式，为会展业首开绿色通道。备忘录中提出，在确保严密海关监管的同时，积极地为国际会展活动提供优良服务，采取多项便捷措施，为参展商搭建"零距离、低成本、高效率"的贸易平台，促进国际会展贸易、技术、文化的交流。广东现代国际展览中心因而成为华南地区首个海关认可的监管场所，海外展品可直接运抵展馆，由海关派专人现场

耕耘岁月
一个东莞农民的创业之路

▲ 2015年林干能为中国印刷及设备器材工业协会成立30周年题字

查验,享受免担保的优惠待遇。

广东现代国际展览中心有限公司作为运营主体,开始由运作各类工业展览,逐渐发展出综合类、消费类、文化类系列展会,东莞会展由产地办展模式逐渐走向展贸一体模式。其中国际名家具(东莞)展览会的展会面积由原来的不到4万平方米扩大到25万平方米,成为当时亚洲规模最大的家具展。随着名家具世博园的建成,厚街家具展实现了展贸一体化。2007年开办、每四年举办一次的中国(广东)国际印刷技术展览会在第二届展会时即成为世界第二大印刷展,仅次于德国德鲁巴印刷机纸业博览会。此外,展区面积达4万平方米的广东现代国际汽车展览交易会,展区面积达5万平方米的东莞国际机械及原料展、塑料及包装展,以及国际名鞋展等都已成为品牌展的成功范例。

2009年中国加工贸易产品博览会(简称"中国加博会")永久落户东莞,成为我国唯一直接服务于加工贸易转型升级的国家级展会。中国加博会由国家商务部、国家知识产权局和广东省人民政府主办，是全国唯一以推动加工贸易创新发展为主题的国家级展会。自开办以来，中国加博会积极推动中国加工贸易企业转型升级和创新发展，促进出口产品转内销，引导企业积极参与国内国际双循环，搭建新时代中国加工贸易创新发展最新成果的展示平台、加工贸易政策和重要信息的发布平台、加工贸易梯度转移省际协作及国际产能合作的交流平台，以及内外贸一体化发展的市场交易平台，着力打造国际化、专业化、品牌化的贸易展、商机展、技术展。从2016年起，中国加博会每年四月下旬在厚街广东现代国际展览中心举行。即使2020年受全球新冠肺炎疫情影响，第十二届中国加博会依然吸引了来自全国19个省区市及港澳台地区的1193家企业参展，此外还有20个国家（地区）的企业参展参会，超过5万人观展采购。此外，2020年5月13日，首场中国加工贸易产品博览会线上展在东莞开幕，以阿里巴巴1688网络平台为阵地，近500家企业纷纷把生产线"搬"进直播间，把工厂"搬"到线上云展台，搭起云货架。截至2021年，中国加工贸易产品博览会已成功举办了十三届。

2014年，广东21世纪海上丝绸之路国际博览会（简称"海丝博览会"）在广东现代国际展览中心举办，吸引了泰国、印度等42个国家和地区的企业参展。海丝博览会旨在打造落实"一带一路"倡议的精品工程，树立"做生意、谈合作，到广东"的国际形象。经过数年的培育，海丝博览会逐步发展成为在"一带一路"倡议沿线国家和地区具有较强影响力的展会平台，国际化、品牌化、专业化、市场化发展步伐加快，国际"朋友圈"和影响力日益扩大。2019年起，海丝博览会从东莞移至广州举办。持续在广东现代国际展览中心举办的同类展览还有被港澳台及珠三角各城市所熟知的台湾名品博览会，其每年也吸引了大量企业参展，吸引了各方客商前来采购。

耕耘岁月
一个东莞农民的创业之路

中国国际影视动漫版权保护和贸易博览会（简称"漫博会"）2009年12月落户东莞，截至2021年已成功举办12届。漫博会有效整合了国内外动漫产业的优秀资源，已发展成为国内知名的动漫产业盛会，与杭州举办的中国国际动漫节形成"北杭州、南东莞"的行业展会格局。2020年因新冠肺炎疫情影响，漫博会首次开启"线下漫博会+线上云平台"双线融合的模式，引起业界重视。2021年第12届漫博会坚持IP创新赋能广东产业升级，深化双线融合助推高质量发展，吸引了超1000个国内外知名动漫IP齐聚东莞这座"青春之城"。本届漫博会有20多个省市的企业参展，设置了粤港澳大湾区动漫交流展区，展前进行了30多场"云对接"，促成合作签约528项。

此外，广东现代国际展览中心还举办了国家级展会电博会（中国东莞国际电脑资讯产品博览会）以及国际名鞋展等近20个大型展会和品牌展会，这些展会的成功举办，推动厚街形成了具有鲜明区域特色的会展经济。2015年，厚街被评为"中国家具展览贸易之都"。

中国会展经济研究会会长袁再青曾表示，与国内几个大省会城市相比，东莞并不具备很强的先天优势，但东莞会展业发展的速度、规模、专业以及品牌影响力对产业和城市的拉动效应却超过了一些一二线城市，东莞的优势首先体现在理念上。同时，他还指出东莞会展业的发展得益于基础硬件设施的及早完善。

就算亏钱也值得

林干能曾开玩笑说，广东现代国际展览中心就是个烫手的山芋。但既然接下了这个烫手山芋，还是得尽量想办法把它做好。林干能心里明白，东莞市各级政府努力搭建会展这个平台，是极有远见的举动，将对厚街、东莞的产业发展产生极大的推动作用。自1957年4月25日，由周恩来总理亲自定名的中国进出口商品交易会（简称"广交会"）首届展会开办以来，各式展会不仅成为国内外商品贸易的桥梁，更成为通向世界的大门，也是一条增进中国与世界各国人民交流的纽带。会展经济是一项关联带动性非常强的产业。此时的林干能已不仅仅站在一个商人的角度考虑自家企业的得失，更多考虑的是作为一个企业家所承载的公共价值和应承担的社会责任。

但林干能确实又有很多顾虑。当时国内各个城市的会展，没有哪个地方性大型展会是由民营企业主持的。广州的广交会、深圳的高交会，这些世界知名的展会都是国家和地方政府共同投入大量人力和物力在运营的。东莞政府推动广东现代国际展览中心改制经营，是大胆的开先河之举，但对林干能来说，挑战远远大于机遇。如果发展得好，自然是功德一件，皆大欢喜；但若运营得不成功，亏的不仅是林干能个人，还有整个地方产业的发展。林干能再次觉得自己如履薄冰。

接手广东现代国际展览中心以后，为了系统地对会展业务进行统筹管理，林干能成立了广东现代会展管理有限公司。得益于"一方办展，全镇支持"的良好运营环境，林干能坚持将办展基本目标定为"为企业发展服务、为地方经济增长服务、为社会繁荣服务"，强调办展要以意识为先导、以管理为基础，突出专业化、集约化、国际化、基地化的"四化"发展之路。专业化是展览企业发展的命脉，更是会展发展的趋向，服务的专业化和项目的专业化是展览中心专业化发展的重要支柱。实践证明，"一站式A+"服务模式和专业技术类展览项目的培育壮大，验证了专业化发展战略的科学性；充分利用外向型经济的优势，培育和引进国际性展览项目，成为构建国际化展览基地的有利举措；关注区域产业的发展和技术的提升，走集约化办展之路，在使东莞制造类企业真正得到实惠的同时，也奠定了展览中心集约化发展的基础；以区域产业和政策优势为依托，培育、引进、合作和并购展览项目，使其逐步基地化、本土化，是独特的展览市场培育机制。

东莞得改革开放风气之先，在工业化进程中形成了产业配套齐全的制造业基础，而制造业基础是会展业发展的必要条件，东莞的会展业要发展，就必须服务好制造业。面对大湾区会展业同质化的竞争形式，依托产业和地缘优势，广东现代国际展览中心提出"工业伙伴、外贸平台"的差异化发展之路，重点服务于大湾区区域产业，并利用国际化的通道，为设备、原材料的采购和资金、技术、信息的引入以及新产品、新材料、新设计的推广搭建贸易平台，扩大了厚街乃至东莞的工业、现代服务业聚集和辐射功能。

林干能要求展览中心始终坚持"创建一流的团队、提供一流的服务、争创一流的业绩、分享一流的成果"的"四个一流"经营管理理念，不仅引入ISO 9000质量管理体系，还积极推行"一站式A+"服务，坚持"诚信、服务、高效、创新"的企业文化，实施以展览为平台、跨行业链条式集团化发展的战略，以优质高效的服务为客商提供良好的展会平台。

与此同时，展览中心积极发展和奠定海内外的公共关系。先后成为香港展览会议业协会会员、广东省商业联合会副会长级单位、中国展览馆协会会员、国家商务部全国城市工业品贸易中心联合会会员、东莞会议展览协会会员以及全球展览业协会（UFI）会员，还被广东省经贸委定为全省会展工作联系点。

自2006年以来，以广东现代国际展览中心为主，广东现代会展管理有限公司成功举办了数百场各类展会，仅2018年一年便举办展会56个，接待专业观众200多万人次。

随着粤港澳大湾区的深度推进，林干能意识到会展业将迎来新的发展机遇，目前粤港澳大湾区的大部分会展场馆都存在供不应求的现象。东莞身处粤港澳大湾区制造工业腹地，有着深厚的制造业产业基础。而会展业作为推动东莞经济转型和增长的重要推手，已经成为驱动东莞经济发展的一支重要生力军。随着"十四五"期间深圳国际会展中心二期、广交会展馆四期的建成，粤港澳大湾区的会展业将会面临更多的机遇和更大的挑战。

林干能十分认真地分析到："广东现代国际展览中心有良好的办展条件，可以形成一个产业平台。我们有地方优势，周边产业很多，不仅是产地办展，而且已经实现了展贸一体，全国各地的企业和采购商都已熟知东莞，因此参与度都很高。不管集团自身发展，还是地方产业发展，把会展业做好了，对酒店业和旅游业发展都十分有利。东莞市商务局和厚街镇委、镇政府都很支持东莞会展业的发展，尤其建设粤港澳大湾区被列为国家发展战略以后，对我们更是利大于弊。"林干能说，"随着大湾区深中

▲ 2015年8月，连接广东现代展览中心与嘉华大酒店的自建天桥落成

耕耘岁月
一个东莞农民的创业之路

通道的建成,广州、深圳、东莞三地展会可以搭建一个相互交叉补充的会展平台,既可以融入大湾区,也可以通过这个大平台连接全球,从而呈现东莞城市形象,孵化更多相关企业,让企业慢慢成长起来,促进地方经济发展。"

2019年3月16日,广东现代国际展览中心二期10号馆正式奠基,规划建筑面积38万平方米,建成后,将联合现有的广东现代国际展览中心1~9号馆,形成世界最大规模的大家居总部综合体,聚集大家居业的全业态、全品类,打造一个集展览、贸易、家居、总部、设计中心及酒店五位一体的产业核心生态圈。10号馆以设计为先导、以服务为核心,服务于整条产业链的大家居总部综合体,将在东莞"制造之都"的坚实基础上,产生新

▲ 2019年3月广东现代国际展览中心二期10号馆奠基

的更大的经济效益、社会效益和环境效益,实现新一轮的迭代、腾飞和发展,更好地通过展贸一体化平台服务家居行业。这是林干能率领华源企业集团积极参与大湾区建设迈出的坚实一步。

2020年开始的新冠肺炎疫情令会展业的发展环境发生了重大改变,给会展企业带来了全新的挑战与机遇。2020年4月13日,国家商务部正式印发《关于创新展会服务模式 培育展览业发展新动能有关工作的通知》,要求"积极打造线上展会新平台,促进线上线下办展融合发展"。举办线上展览成为会展业发展的新机遇,2020年春季广交会改为在网上举办,成为线上展览的标志性事件。这两年广东现代国际展览有限公司依然保持着每年不少于二十场会展的频率,推动线上线下展览同时进行,继续为企业搭建起展示平台,为国际国内市场保留一个连接的通道。

对此,林干能有些欣慰地说:"目前全中国会展业很少由民营企业经营,会展业一直看起来都很辉煌,却很少盈利,所以目前全国的会展业基本都不用交税,唯有厚街的广东现代国际展览有限公司每年交税额不少,这主要是因为公司在经营时精打细算。"

耕耘岁月
一个东莞农民的创业之路

▲ 广东现代国际展览中心夜景

耕耘南粤

树立嘉华酒店品牌

嘉华的来历

开一家农民也可以进去消费的五星级酒店，曾是萦绕在林干能心中多年的夙愿。

林干能还记得自己1986年前后曾在肇庆某大酒店被服务员婉拒的情景。20世纪80年代中期的沿海城市，大多数豪华酒店为表现高档，有一条不成文的规定：不接待衣冠不整的客人。林干能当时已有自己的建筑队，在深圳打拼多年，也算是见过一些世面且小有积蓄的人了。但当他衣着简陋、脚穿拖鞋走近酒店玻璃门的时候，被门口的服务生一眼看到，当即禁止他入内。尴尬中林干能首次意识到，原来豪华酒店居然可以"理直气壮"地以貌取人。第二年，同样的事情在他去中山某国际酒店的时候再次发生。这使林干能心中升腾起一个愿望，如果有一天他能开一家酒店，一定要开一家最好的五星级酒店，即便是衣着普通的农民也可以进店消费。

1993年，林干能在家具大道与莞太路交叉处购买了一块地，他敏锐地意识到，随着制造业兴起，东莞引进的港台及外资企业越来越多，外商往来东莞也会越来越频繁，对于酒店的需求会越来越迫切。20世纪90年代的广东沿海城市，就连深圳都没有几家像样的酒店，更别说对标国际水准的五星级大酒店了。埋藏于心中多年的开一家五星级酒店的愿望由此再一次从林干能心中蹦了出来。但由于他当时对经营酒店一窍不通，为谨慎起见，便将这块地搁置下来以待更好的开发时机。

20世纪90年代,东莞经济发展果如林干能所料,港台及外资企业蜂拥进入,众多外资企业派出的管理和技术人员常驻东莞,仅厚街就有数十家外资企业在此设立办事处或采购中心。尤其1997年香港回归以及虎门大桥通车,为东莞旅游酒店发展提供了更加广阔的空间。1998年,经过对酒店业的长期观察、调研和分析,结合东莞制造业发展态势,林干能觉得投资酒店的时机已经成熟。为稳妥起见,他在兴建酒店之前专门成立了一个筹建班组,安排核心管理人员和技术人员前往上海、北京、广州、香港、澳门等酒店业发达的地方进行广泛调研和考察。就如同当年前往深圳创业时学习水刷石技术一样,他了解到当时国内以上海的酒店档次最高、行业最发达,便带着一个五人考察小组前往上海学习。他们一行五人选择了上海五家最好的酒店,以客人身份入住,然后轮流在这五间房参观学习。入住期间,他们对房间的每一样陈设和设备都进行仔细分析和探索,连房内隐蔽的水电、机电设备都仔细查看,分析如何配置和安装。他们还想办法进入了酒店的后勤区,仔细观察机电设备、空调制冷、洗衣房设备等复杂设施。经过几天详细的观察和分析,五人对上海酒店的强弱电系统印象十分深刻,觉得它们做得非常好,给了他们很大的启发。经过多次考察和学习,林干能觉得自己心里有了底。

但在兴建酒店主体建筑的时候,林干能还是遇到了许多问题。首先是工程建设问题,他的建筑公司当时没有取得相应的建筑资质,按规定不能承建大规模酒店建筑。不过这个问题比较好解决,他找了一家有相关资质的公司挂靠,然后以承包工程的形式自己承建。林干能不放心将酒店交给别人建设,谁能像他那样用心为自己盖大楼呢?

另外一个比较难解决的问题则是建筑设计,这个问题给林干能造成了很大的困扰,甚至一度差点使他的酒店计划濒临流产。按规定,建设上规模酒店需要正规设计规划院进行前期建筑设计,且所有建筑设计图需通过

耕耘岁月
一个东莞农民的创业之路

东莞市住建部门审核才能动工。林干能首先去找了省内一家权威机构，但当时无人相信一个曾经的包工头能承建一座大型豪华酒店，故而此行他碰了一鼻子灰。林干能转而找广州另外一家建筑设计院设计，但又不满意对方的方案。无奈之下，他请厚街城建办聘请的一位资历尚浅的建筑设计师帮忙起草了设计稿，然后挂靠一家建筑设计院便开始施工。在20世纪90年代的沿海城市，经济高速发展推动了热火朝天的城市建设，日新月异的城市面貌又反过来进一步带动经济发展。地方政府为了避免对经济发展形成障碍，普遍对城市建筑工程赶进度施工采取宽容的态度。在如火如荼推进改革开放的进程中，许多发展经济的措施都在摸索中进行，并根据实际情况随时调整，以便找到更合适的发展方式。

但怕什么偏来什么，就在酒店主体建筑做得差不多的时候，发生了一件林干能始料未及的大事。为酒店做设计的那位工程设计师帮忙测算并设计的一栋建筑违规加盖，由于计算错误，工程坍塌，造成了较严重的人员伤亡。有关部门追查后得知这位设计师还曾为林干能的酒店做设计，当即要求酒店工程立即停工，并限期拆除。

听到这个消息林干能脑子一懵，大脑一片空白。这是他倾注几年心血，押上全部身家投资的项目，一旦拆除岂止倾家荡产，简直是摧毁他所有的努力和希望。好不容易定下神来，他仔细回想基建时每一步施工操作和使用的材料，很快心里便有了数。他的确使用了该设计师的施工图，但以他三十多年的建筑经验和对建筑的高标准要求，再加上酒店产权属于自己，他比所有人都更重视建筑质量和安全问题。因而，他并没有完全按照那份施工图用料和施工，而是凭着多年的建筑施工经验对施工图进行了修正并加强了钢筋的配比，不仅提高了建筑用材的标准，还增加了建筑主梁钢筋的含钢量，从原来的6条增加到了8条，并修改了加固方案，每个节点都进行了特别加固。

为了争取即将完成的主体工程不被拆除，林干能动用了自己所有的力量去申诉和争取。那时他只有一个想法，就是不能因为设计师设计的一个工程出了问题而否定他所有的项目，草率地将投资数千万建设的工程全部推倒重来，这不仅是林干能一个人的损失，也是巨大的资源浪费，可能还会对社会造成不良影响。酒店是他一砖一瓦盖起来的，没有人比他更了解这个工程的安全性，建筑安全问题应该让建筑工程本身说话，而不是靠主观推断。

经过多方争取，东莞市住建局终于同意召开专家论证会对酒店主体建筑进行严格的质量和安全性评估及审查。论证会邀请了广东省8所大学的9位专家对整栋楼进行实地察看和现场评估。查看过施工现场并听了林干能的陈述和汇报，专家们翻阅所有图纸后，惊讶地发现林干能说的都是实话，建筑的实际施工安全性的确远高于设计图纸！正是这次专家论证会扭转了后来嘉华大酒店的命运，林干能再次以他决不言败、精益求精的精神为自己的事业争取到了转机。专家论证会后，酒店得以继续施工。1999年，主体建筑完成，2000年开始全面进入装修阶段。

"嘉华大酒店"这个名称及商标是林干能的父亲林芝伦定下的。"嘉华"二字，既可以理解为"以中华为嘉"，也可以理解为"嘉许中华"。作为一个接受过私塾教育的传统知识分子，"嘉华"二字包含着一个有数十年党龄的老党员对事业有一定建树的儿子的殷切期望，林芝伦希望嘉华酒店虽只是一家酒店，但也要秉承炎黄子孙的血脉和传统，不仅热爱和继承中华文化，也需时时不忘传承中华文化。林干能亦理解父亲的初心，尽管后来在推动"嘉华酒店"品牌化的时候发现"嘉华"二字已被他人注册了商标，他仍然坚持保留了这个名字。因为，"嘉华"所代表的不仅是父亲的希望，也是他内心深处的信仰。2003年，林干能以店徽作为商标进行了注册。这是一个含义隽永的店徽，外圈呈椭圆，寓意团圆与完满，环绕

耕耘岁月
一个东莞农民的创业之路

▲ 嘉华大酒店店徽

四方的水纹寓意上善若水，流动的线条象征着嘉华大酒店传承中华文化、融会通达四方，是一家传承中华文化的酒店品牌，充分体现了嘉华大酒店力图传播历史文化、彰显民族个性、沉淀传统底蕴、融合创新精神、尊重地域差异的品牌理念。

为了规范管理酒店，2000年11月林干能成立了东莞市嘉华酒店有限公司。2001年9月恰逢中国第九届运动会开幕，林干能以非凡的商业嗅觉，敏感地抓住这次机会，将其作为嘉华大酒店试营业的第一炮。出于对射击的爱好，林干能早年创办了一个飞碟射击俱乐部。以此为基础，他努力争取到了九运会射击（飞碟）比赛的承办权，将比赛赛场设在厚街，嘉华大酒店则被指定为接待酒店，来自全国19支代表队的139名运动员参加了6个项目的角逐。为了做好这次接待工作，林干能带领酒店全体人员夜以继日地紧张筹备，为酒店试营业和运动员接待做了各种预案和演练，全力以赴争取将嘉华大酒店一炮打响。

就在九运会接待工作期间，有一次林干能极偶然地听到一名江苏省带队负责人跟队员们说："四年后江苏也承办这个飞碟射击比赛项目，不知道那时能否有这么好的酒店接待参赛人员呢！"接着这位负责人又感叹道："东莞有如此高档的酒店，有如此高质量的服务接待，江苏到时候不知有没有这种可能呢？"亲耳听到入住的人员如此评价，林干能一颗悬着的心总算放下，所有的艰辛和努力终于换来了嘉华大酒店的开门红。

经过一年的试营业，2002年下半年，嘉华大酒店被国家旅游局评定为五星级酒店，成为厚街第一家五星级酒店。林干能兴建五星级酒店的夙愿，历经近十年终于达成。此后酒

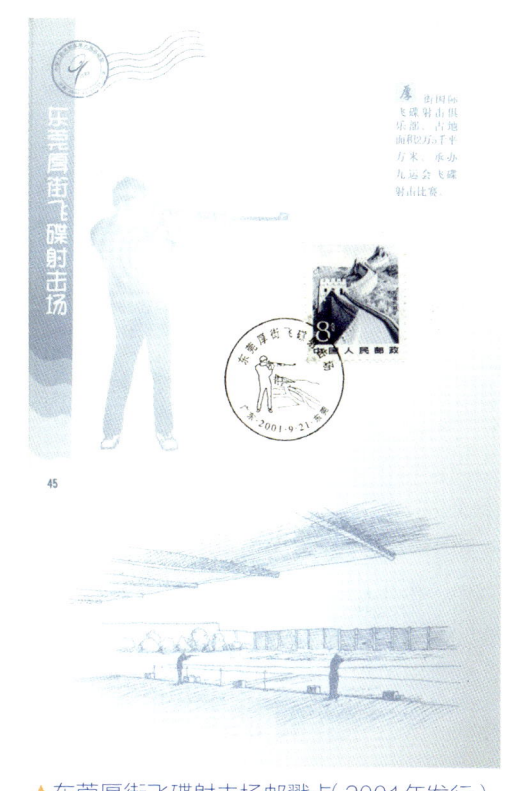

▲东莞厚街飞碟射击场邮戳卡（2001年发行）

店事业蒸蒸日上，2010年1月厚街国际大酒店开业，这是华源企业集团旗下继嘉华大酒店之后的第二家五星级酒店。和嘉华大酒店一样，厚街国际大酒店也是华源企业集团全资拥有的物业。酒店由美国著名设计公司HBA公司设计，楼高49层，建筑面积12万平方米，拥有客房近400间，2011年被国家旅游局评定为五星级饭店，是一家按白金五星级标准建造的超豪华酒店。

嘉华大酒店和厚街国际大酒店都设有可容纳数千人的宴会厅，特别是嘉华大酒店的"嘉华殿堂"，可筵开180席，供2700多人召开会议，并特别设置了专业厨房。"嘉华殿堂"启用至今，尚没有第二家酒店能超越其

耕耘岁月
一个东莞农民的创业之路

▲厚街国际大酒店

▲ 厚街国际大酒店竹溪食坊题匾（2015年林干能题）

规模，这得益于林干能对宴会厅需求的独到判断和长远目标的准确预测。如今，"嘉华殿堂"被东莞人喻为人民大会堂式的宴会殿堂，更由于它的专配厨房，宴会从头到尾饭香菜热已成佳话。这两家五星级酒店也成为许多厚街本地村民办喜宴的首选。至此，林干能实现了当年心中埋藏的想法：让农民也能进豪华五星级酒店消费！

如今，嘉华大酒店成立已二十余年。以嘉华大酒店为龙头，华源企业集团已逐渐把各酒店归集形成了嘉华酒店集团，并成为集团旗下的核心品牌产业。回顾这一路走来的艰辛，林干能感慨万千，他说："当初让嘉华酒店赶在九运会召开之前开业，对嘉华来说十分关键，意味着从一开始就经受了大型接待任务的考验。酒店经营二十余年，讲起来容易，做起来复杂，投入大，资金回笼慢，一草一木都得精心维护，还需要不断提升，否则不进则退。但既然已经进入这个领域，就需要想办法维系好。"

耕耘岁月
一个东莞农民的创业之路

▲ 嘉华大酒店面积 2700 平方米的"嘉华殿堂"

▲ 嘉华大酒店多功能厅

▲ "嘉华殿堂"宴会专用厨房

嘉华之声

得益于得天独厚的地理位置以及厚街蓬勃发展的会展业，嘉华大酒店在林干能的领航下发展成为东莞商务旅游与会展经济融合的标杆。每年在广东现代国际展览中心举办的国际性、全国性的展览会有四十多个，面对越来越多的会展客源，林干能将嘉华大酒店定位为以服务会展为主体、面向国内外客商的商务型五星级大酒店，要求嘉华大酒店各项设备设施、服务特别是管理水平要与国际化水平接轨，打造成具有会展特色的国际性酒店，凸显一种超前的国际化服务水准。

在嘉华大酒店影响力逐渐扩大的同时，发达的外向型经济和频繁的商务活动为东莞酒店业的繁荣提供了绝佳的生存沃土。对于东莞旅游酒店业

耕耘岁月
一个东莞农民的创业之路

▲东莞虎门大桥建成通车纪念邮资明信片（1997年发行）

的崛起，曾任东莞旅游局局长的李善奴认为，东莞拥有地处粤港澳金三角的区位优势，拥有大量颇具消费能力的群体，而东莞外向型经济特别发达，全市仅外资企业就多达1.5万家，商务活动十分频繁，这成为东莞酒店业发展最重要的支撑。随着1997年香港回归以及虎门大桥通车，东莞凭借优越的地理位置，与香港、澳门及珠三角各大城市连接更加紧密，这为东莞旅游酒店业的发展创造了良好的外因。随后，东莞旅游酒店业的发展进入腾飞阶段。

厚街镇政府以此为契机大力推动，成立多个专责小组扶持酒店业发展，引导厚街酒店向规范化、标准化、国际化发展，由此酒店业迅速发展成为厚街三大特色产业之一，成为全国星级酒店最密集的镇区。到2004

年，厚街即已拥有4家五星级酒店、3家四星级酒店、2家三星级酒店，另有3家四星级标准酒店、6家三星级标准酒店。最辉煌的时候，厚街拥有上规模、上档次的酒店近50家，年接待客人200万人次。东莞市其他各镇也纷纷发力，至2006年末，东莞市共有星级酒店96家，其中五星级酒店16家（最多时达到22家）、四星级酒店25家、三星级酒店30家。

酒店林立在促进商贸繁荣的同时也造成了行业竞争。当时，国内外有些客商评价东莞酒店是"五星标准、三星价格"，这既说明东莞星级酒店的装潢、服务及价格优势，也从侧面反映了东莞酒店业竞争之激烈。东莞不少五星级或同标准酒店客房价格在每间每天300元左右，大大低于广州、深圳等其他城市，再加上东莞酒店一般都会有接驳酒店与会场的专车等的个性化服务，由此吸引了大量广州、深圳等周边城市的客商到东莞入住和消费。尤其每年广交会和深圳高交会期间，许多客商选择入住设施齐全、价格实惠、服务优质的东莞酒店。李善奴表示，吸引广州、深圳等周边城市开展商务活动的客商到东莞入住，协助安排去香港、澳门消费，曾一度是东莞酒店业一个突出的服务特色。

如何在激烈的竞争中立于不败之地？作为一个农民企业家，林干能深知，现代企业的竞争，最终是管理的竞争、品牌的竞争以及文化的竞争。

林干能首先着手建立嘉华大酒店的企业文化。在林干能朴素的想法里，酒店的文化建设不在于喊出多响亮的口号，而是应该以提升酒店的品质和员工的素质为本。一天，他在办公室偶然翻阅到一份其他酒店办的内刊，立即眼前一亮，觉得这是建立和宣传企业文化的极好方式。当时全国各地酒店办内刊的尚没几家，东莞本地酒店这么做的就更少了。于是他马上召集了当时酒店的负责人叶永阳等人组建了一个内刊筹备小组，配置相应人员和办公室开始准备创办内刊。对内刊的定位，他觉得不仅要办成酒店的宣传平台，更应该反映员工的心声，展现员工的精神风貌。酒店的核

耕耘岁月
一个东莞农民的创业之路

▲ 2003年嘉华大酒店员工春节联欢会合影

心在于管理和服务,而管理和服务的关键在于员工,员工是形成企业力量的主体,是企业创一流产品和服务的主力军,员工呈现出来的精神面貌,便是酒店的企业文化。林干能是从建筑工人成长起来的,对基层员工有一种天然的亲切和体恤。最终,经过考察和研究,嘉华大酒店内刊的办报宗旨定为"从员工中来,到员工中去"。

经过三个多月的紧张筹备,《嘉华之声》于2002年7月正式创刊,共设置四个版面,分别是"重要大事""管理透视""员工扫描""闲情逸趣",各版块面向酒店员工广泛征稿,以图文并茂的形式弘扬酒店文化,传播酒店精神,反映员工心声,宣传酒店形象。《嘉华之声》一出版即受到员工和客人的欢迎,成为东莞酒店业内刊的典范之一,成为酒店与客人交流的平台、酒店对外宣传的"名片",也成为社会各界了解嘉华大酒店的一个窗口。

耕耘南粤

▲ 2004年嘉华大酒店员工答谢宴合影

2010年10月1日《嘉华之声》创刊100期,东莞市旅游局和东莞市旅游饭店协会都发来贺词,林干能本人则亲笔题词:"创刊百期展华彩,再铸新篇从头越。"时任内刊执行总编的邓淦辉在刊首语中写道:"《嘉华之声》作为东莞酒店业办得最好的内刊之一,至今能出版到百期,说多不多,说长不长,贵在坚持,更贵在有文化精神'从员工中来,到员工中去',朴实地体现了它为丰富员工文化生活、提升员工素质和企业文化而办报的宗旨。业主远略的文化眼光,又一次验证了文化的提升是一个企业品牌发展的灵魂。"

与此同时,随着东莞的五星级酒店日渐增多,林干能觉得嘉华大酒店原有的主楼已难以体现优势。早在2003年,他便开始对嘉华大酒店进行全面扩建,在原28层高的A、B座旁兴建了一座53层的高楼作为新主楼,2006年建成后即成为当时东莞最高的标志性建筑之一。对于嘉华大酒店新主楼

耕耘岁月
一个东莞农民的创业之路

▲ 第 100 期《嘉华之声》

的建筑和装修，林干能要求一定要参照国际星级酒店标准，为此他特意带领核心团队到迪拜的帆船酒店感受世界顶级酒店的装修和服务。林干能对嘉华大酒店大到建筑主体工程，小到花园里的一草一木，都特别注重细节，他认真严谨、精益求精的程度超乎想象。林干能对园林树木颇有情缘和规划眼光，常常稍作观察便能因地制宜、合理安排，做到乔木与灌木、花与草相得益彰，富有层次。经他统筹规划和布置的园林，往往四季常绿，层次分明，集观赏与装饰功能于一体。

经过扩建后，嘉华大酒店总建筑面积达45000千平方米，其中绿地面积有14000多平方米。整个园林的景观以绿色环保、名贵树种、休闲观赏为主题，结合在喷水池区域和建筑物周边分布草皮绿化带，以绿色和自然景观为特色，既有视野开阔的绿色草皮带与清澈的喷池，又有宁静清幽的林苑小道，现代气息浓郁的宏伟建筑和优美的喷水景观浑然一体，为酒店创造了景中有景的效果。嘉华大酒店竣工后即进入首批"绿色饭店"行列。

林干能认为，酒店从长远经营考虑做大、做强，光有高标准的装潢和硬件是远远不够的，必须做出特色，形成品牌效应，走向国际化、正规化。品牌提升的背后其实是文化的提升，中华五千年文明博大精深，既名"嘉华大酒店"，自然应该以宣传中华文化为己任，使文化成为嘉华大酒店的特色。到底该如何增加酒店的文化内涵？如何推动嘉华大酒店的品牌化运营？林干能决定广邀酒店管理精英加盟嘉华大酒店，并发动华源企业集团上上下下建言献策。原东莞宾馆首批员工之一、总办主任邓淦辉正是在这个时候加入华源企业集团的，并担任嘉华大酒店董事会总监，负责酒店的文化策划和品牌建设，并参与高层管理。东莞宾馆曾是东莞人心目中最好的宾馆，接待过许多党和国家领导人及外国元首，与深圳第一批中外合资宾馆之一的东湖宾馆为姐妹宾馆，由香港嘉年酒店投资有限公司投资和管理，其管理方式和服务理念在当时十分先进。

2006年嘉华大酒店开始推动酒店品牌设计和推广。林干能思维活跃，行动力强，每每想到一个新点子便当即找人讨论，如果觉得可行，便立即着手实施。有时面对一个重大决策，他往往在很短的时间内就能做出决策，并迅速敲定方案，立马推行或实施。为了推动嘉华大酒店的品牌化和国际化，他整合原有店徽，更新设计整体组合式标志，形成店徽加中英文的新商标，并推动嘉华大酒店参与广东省著名商标申报评定。此后，嘉华大酒店连续十二年、四次延续并通过评审，获"广东省著名商标"称号，树立了良好的品牌形象。

为了提升嘉华酒店的品牌魅力和内涵，林干能决定将酒店与书画、琉

▼扩建后的嘉华大酒店

耕耘岁月
一个东莞农民的创业之路

璃、木雕等艺术融合，把嘉华大酒店办成一家艺术氛围浓郁的商务旅游型酒店，嘉华大酒店由此开始面向全国邀请优秀书画艺术家创作。对当代书画界，林干能坦陈自己并没有多少了解，他只有一个朴素而直接的理念，要找就找国家级、有影响力的艺术家，特别是找一些为人民大会堂创作过作品的书画家，因而这个标准成为嘉华大酒店邀请艺术家开展创作的第一目标。2006年，在新主楼多功能厅建成之际，林干能打算请中国著名画家量身定做创作一卷山水巨幅。当时，在书画界朋友的协助下，确定邀请曾为人民大会堂进行创作的著名山水画画家程振国。负责此项

▲ 嘉华大酒店商标及其著名商标延续证书

目的董事会总监邓淦辉前往北京，诚恳地邀请程振国为嘉华大酒店创作一幅山水国画。经过商定，画家程振国为嘉华大酒店创作了山水巨幅《黄山处处皆胜境》。作品长1220厘米，高185厘米，约210平方尺（约23.4平方米）。画作以黄山晨曦为主景，气势磅礴，宏伟壮丽。作品描绘出云雾山中峰险山秀、松翠挺拔、源远流长的美好画面，使人有一种"读不尽其中奇思妙语，看不透其中浑然异趣"之感，更重要的是画作寓意酒店朝气蓬勃、蒸蒸日上。《黄山处处皆胜境》在嘉华大酒店6楼多功能贵宾接待室悬挂多年，已成为嘉华大酒店的一件镇店之宝。

在林干能及董事会的授意下，嘉华大酒店先后邀请了四十多名当代著名书画家在酒店现场创作。其中，师从赵少昂、岭南画派第三代传人、当代花鸟画画家胡宇基为嘉华大酒店留下墨宝"嘉家喜悦 竹报平安"；中国著名花鸟画画家何水法先生题写作品《以文为友》。这些名家之书画作品被装裱在酒店主楼豪华多功能厅、会议室、贵宾接待室以及中式、日式、地中海风格的餐厅、酒吧里。广东文史馆馆员、岭南画院终身名誉院长黄泽森曾撰文表示，嘉华大酒店从首层大堂到顶层的会所，陈设着全国各地名家的书画作品，壁影相辉，不乏精品力作，为酒店营造了浓厚的艺术氛围，像一座艺术的殿堂。

邓淦辉在带我们参观嘉华大酒店的艺术作品时，略带自豪地说："作为始于厚街、根植南粤大地的五星级酒店，我们尤其注重本土及外来文化的互相融合，以本土画家为基础，再吸纳外来文化。"在酒店主楼的牡丹会，各类书画作品让人耳目一新。作品中既有本土艺术家、东莞美协原主席黄泽森最有代表性的新疆水墨人物画系列，也有广东省外书画家的作品。穿行在华丽精致的庭室，欣赏着水墨氤氲、身姿灵动秀美的水墨画作画，让人恍如走进了一间装潢考究的美术馆。

担任嘉华大酒店董事会总监已15余年的邓淦辉还有一个身份——东莞

耕耘岁月
一个东莞农民的创业之路

▲ 画作《黄山处处皆胜境》（程振国 2006 年绘）

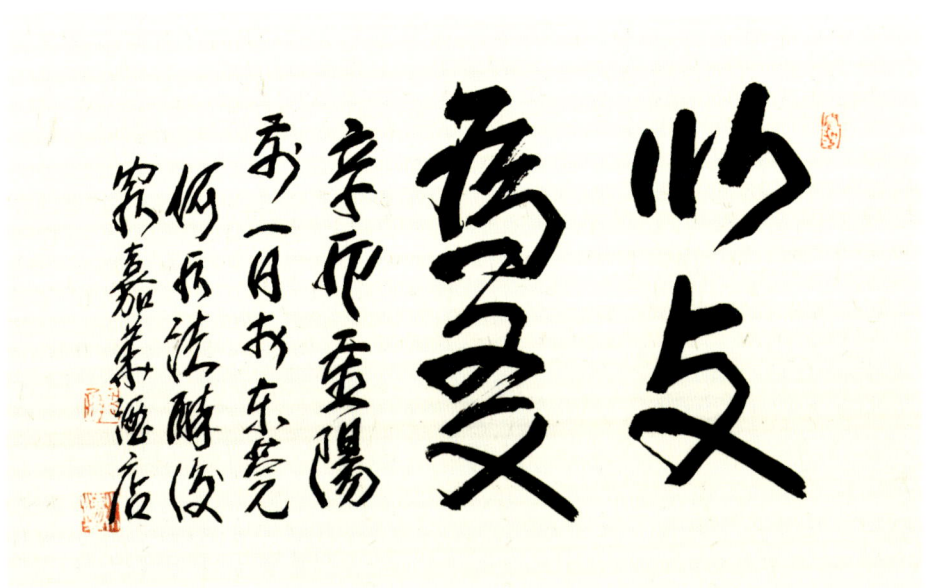
▲ 书法作品《以文为友》（何水法书）

市收藏家协会主席，他常惊讶于林干能虽非文化人出身，却对文化和艺术常常有灵光闪现的独到见解，对艺术收藏、文化传承情有独钟。

"林董现在闲时也会练习书法，他对书法的悟性高，进步很快。他虽然没有深厚的书法功底，但字如其人，他书写时对每一笔都很认真，并追求完美。集团属下企业以及亲朋好友都有他极具个人风格的得意之作。"邓淦辉笑着说。

随着东莞逐渐形成制造业、展贸业、酒店业相辅相成、互动发展的局面，林干能意识到企业规范化、品牌化、集团化发展成为大趋势，他当机立断，于2004年12月8日整合名下所有企业，组建广东华源企业集团有限公司。华源企业集团于2005年正式成立，分四大板块，分别为建筑、酒店、展会、家具四大行业，管理上采取总经理负责制，由集团董事会下达指标，给予权限，各板块独立经营，酒店业成为集团核心产业之一。为了促进旗下酒店业长远规划和发展，2005年2月1日，林干能成立了东莞市嘉华酒店管理有限公司对旗下酒店进行统筹管理。

耕耘岁月
一个东莞农民的创业之路

▲《葡萄美酒夜光杯》画作（黄泽森 绘）

　　垂直式、高效率的管理成为嘉华酒店有限公司管理旗下酒店的突出特点。2006年林干能引入现代企业管理理念，根据行业标准和服务特点，搭建了一个集团化企业管理构架，酒店集团内部称之为QC管理模式。这个模式的突出特点是垂直管理，高效运作。集团高层设董事会，实行董事长负责制，董事会派出执行董事、董事会审计、董事会助理、董事会总监与酒店高层一起建立店务会，负责制定和审核旗下各酒店的业绩指标、经营权限、奖惩标准等。通常每月召开2~3次店务会议，汇总集团酒店业的经营情况，调整经营思路，对事关酒店业发展方向及整体运营的大事进行决策。旗下各家酒店则采取总经理负责制，由总经理按照董事会决策的大方向负责搭建酒店管理团队，确保酒店高效管理和运作。各家酒店每天都会召开例行早会，酒店运营过程中有突发问题时现场解决，重大事件则请示

▲ 林干能在书写作品《盛世华源》

老板召开店务会，QC小组会不定期对各酒店管理进行巡查并明察暗访。

　　酒店管理层对集团的这个管理模式十分推崇，他们表示：QC管理模式是公司根据自身行业特点制定的针对性管理方式，林干能董事长思维灵活，眼光独到，决策和行动力很强；董事会派驻成员与酒店高层各司其职，相互制约平衡；各酒店的总经理根据董事会下达的任务和目标以及自身酒店特点制定经营方案，有相对独立的决策权和经营权；对基层员工，公司制定赏罚分明的奖惩制度，并从各酒店利润中抽取一定金额设置内部慈善基金，为员工提供基本社会保障以外的意外津贴和补助。这种垂直管理模式使目前华源企业集团旗下不同区域和不同定位的数家酒店既相互独立又紧密联系，各自在保持自身经营特色的同时又兼具集团文化共性。

耕耘岁月
一个东莞农民的创业之路

▲林干能与集团高管合影（左起：邓淦辉、陈国枝、林干能、叶永阳、罗振彪）

商贸、度假一体化

2008年金融危机爆发，全球制造业受挫，东莞以制造业立市、对外贸易为主的外向型经济虽保持了平稳发展，但也使政府及许多企业警醒，开始意识到单一的经济增长模式难以抵御突如其来的风险，粗放型经济已难以为继。在此情况下，东莞依托外向型经济及会展经济发展起来的商务型酒店业也面临着巨大的挑战。

金融危机爆发后，东莞提出实施全面转型升级战略，出台系列政策加快经济结构和产业结构调整，由发展外向型经济为主到内源型和外向型经济齐头并进，引导外向型企业由单一的外贸出口转向积极开拓国际、国内两大市场。各行各业都在新常态下积极谋求转型。一向关注时政的林干能也意识到,东莞的经济发展再次进入一个历史节点。无论经济转型,还是社会转型,各行各业都身处其间,犹如共同置身于一艘大船航行,唯有紧随大势积极转型,才能继续向前。

从1996年到2006年,依托制造业、会展业等产业的繁荣,东莞各类商务酒店呈井喷式增长。为了在激烈的竞争中立于不败之地,各大酒店奇招频出:在硬件上,设立各类设施先进、功能俱全的会议室、报告厅,以吸引各类会议团体;在软件上,提升服务水平,以满足顾客各类需求为第一要务。随着2008年金融危机爆发,商务型酒店业竞争越加激烈,这使林干能意识到,不能在恶性竞争中继续盲从,必须转型才有可能保持可持续发展。

2009年,北京金融街公司整体规划惠州市惠东县巽寮湾一带海滨区,依托良好的海湾资源开发金月湾旅游度假区。林干能得知金融街正向外招商时,当即前去考察,并现场拍板决定投资一家度假型酒店。2009年9月29日,惠州市金海湾嘉华度假酒店动工。两年后,2012年9月23日正式开业。金海湾嘉华度假酒店是一家按五星级标准投资兴建的大型会议度假酒店,它沿海岸线而建,自然环境优美,拥有五百间臻美客房及套房,拥有酒店专属沙滩。酒店客房包括面积超过80平方米的海景客房及依傍室外泳池而建的临水客房。所有客房均配备奢华慕思寝具、高档名牌浴室用品、DVD播放机、镜面液晶电视等。

金海湾嘉华度假酒店开业当日,《南方日报》刊发文章《东莞酒店品牌持续输出 依托旅游资源渐成潮流》,文章述评中指出:"东莞的酒店品牌输出更集中性地依托于风景区、自然名胜等旅游资源丰富的地区,已经成为新一轮扩张潮不同以往的特点。……在近年来'品牌输出'相对受阻的情况下,东莞酒店业发力旅游区,无异于另辟蹊径,成为'走出去'战略新的动向和潮流。"

耕耘岁月
一个东莞农民的创业之路

  惠州市金海湾嘉华度假酒店是华源集团酒店业旗下首家度假型酒店，它的开业意味着嘉华集团酒店开始从商务型酒店转型为商务、度假一体化酒店。这是一次极有远见的转型。2020年，受新冠肺炎疫情影响，全球陷入区域和人员隔离、经济衰退甚至停滞的严重危机，至今仍没有明显好转的迹象。中国因防控得当，率先启动经济复苏，虽面临全球化受阻的压力，但国内经济社会平稳，民心安定，每逢节假日依然能够出现城市周边旅游度假爆发性增长的现象。在经济全球化受阻、各国因疫情阻断隔离的今天，如果没有当时的毅然转型，如今华源旗下酒店业的发展前途可谓堪忧。据华源企业集团董事会总监邓淦辉介绍，以当前嘉华酒店集团各家酒

▲ 金海湾嘉华度假酒店

店的经营状况来看，旗下一家度假酒店的效益几乎可与两家商务酒店的相媲美。

曾任东莞旅游局局长的李善奴在采访中认为，东莞的酒店业发展从1984年东莞第一家合资酒店东莞宾馆设立，到1996年第一家五星级酒店出现，再到2004年左右遍地开花，然后在2014年前后经历风雨。林干能在关键时期逆势而上，及时从单纯商务型酒店转型，大力发展集度假、旅游、商住、会议等于一体的酒店产业集群，代表的是东莞旅游酒店业一个新的发展方向和阶段。

2015年8月13日，为适应日益壮大的酒店业发展管理的需要以及更好地打造酒店业的品牌，林干能成立了广东嘉华酒店集团有限公司，从此广东嘉华酒店集团有限公司与东莞市嘉华酒店管理有限公司一起对广东华源企业集团下属的酒店集群进行管理。

2017年5月14日，广东嘉华酒店集团独资温泉酒店——广州增城白水寨嘉华温泉酒店正式启幕迎宾。白水寨嘉华温泉酒店坐落在增城白水寨风景名胜区内，定位为奢华度假型酒店。景区面积约一百七十平方千米，拥有原始森林、浅滩湿地、峡谷天池等广东罕见的自然生态资源。酒店依托山势坡向而建，充分利用自然优势，突出人与自然和谐共生的主题。

林干能投入极大的心血建设白水寨嘉华温泉酒店，与初建东莞嘉华大酒店一样，他亲自参与建筑设计和园林绿化设计，几十年建筑生涯的浸淫使他眼光独到，对细节特别敏感，且不惧困难、不畏艰辛，力求工程质量第一。白水寨温泉酒店开业前，他提前入住酒店关注和感受每一个细节，力求完美。开幕式当天林干能在致欢迎词时说："我们心存感激之心，将以优质的服务、精心的经营、一流的管理，努力把酒店打造成中国最优秀的温泉养生及会议胜地……我更希望，通过我们大家的努力，把白水寨嘉华温泉酒店打造成为中国民族品牌酒店的文化养生之作、精品荣誉之作，

耕耘岁月
一个东莞农民的创业之路

为广东以及增城经济的新一轮发展,做出自己应有的贡献。"

2019年9月7日,林干能带领华源企业集团协同家具业同行在韶关翁源县投资建设半溪嘉华康养小镇项目,项目投资规模约15亿人民币,计划五年内建设完成。林干能计划利用当地优良的森林生态和温泉资源,把该项目建设成为温泉度假、康养居住、住宿餐饮、生态休闲的五星级酒店,推动该县第三产业发展,将翁源县打造成大湾区生态休闲、康养旅游的首选地。动工当日,翁源县县长谭晓健,县政协主席陈建为,县委常委阮炳溪,县委常委、副县长陈向宗以及县直相关单位负责同志参加动工仪式。韶关翁源县是厚街镇的对口帮扶地区,在当地展开投资有助于解决当地的

▲增城白水寨嘉华温泉酒店

就就业问题，改善翁源县投资环境，助力脱贫攻坚。

2019年9月25日，华源企业集团又于汕尾隆重举行陆河嘉华温泉半岛项目的奠基仪式，当日近五百名嘉宾见证了此项目动土开工的里程碑时刻。在动工仪式上，林干能提及对陆河嘉华温泉半岛项目的规划情况，项目总占地面积210亩，将以打造中国顶级温泉半岛居住旅游度假胜地为发展使命。项目的主体是一座以五星级标准建造的大型温泉度假会议酒店，拥有400多间客房及配套设施。围绕温泉度假酒店，以"江"为主题，以"水"为核心，结合温泉半岛整体地形地貌，突出双江环抱的独特优势，并引入水源，打造内河湿地生态景观带，形成以"亲水养生"为主题的半岛居住旅游度假胜地。

当前华源企业集团在韶关翁源及汕尾的两个项目都在筹建当中，这是林干能当前最关心的两大项目。受疫情影响，当前酒店业发展稍有萎靡，但林干能依旧敦促项目组全力推进。这两个项目也是林干能将酒店业转型拓展为酒店、旅游、度假、商住一体化的项目。

虽然林干能眼光独到，投资决策快，但并不表示他头脑发热，选择投资基金、借贷等金融行业，事业冒进。相反，"稳"是华源集团发展的最大特点。林干能在董事会上曾不止一次表示：华源旗下产业绝不追求利润最大化，稳中求进才是企业发展壮大的关键。只有一步一个脚印稳步前行，企业才有存活的空间。目前华源企业集团的主要产业都位于广东省内，他认为，作为一家在本地成长起来的企业，当前深耕广东省内符合公司一贯平稳发展的宗旨，暂时并不计划向省外扩展。从不盲目扩张，一直以来都是林干能最突出的创业风格，如今这个风格被华源企业集团所承继，成为集团持续稳定发展的重要法宝。

林干能曾说："建一家酒店不像建厂房和房产那么简单，要衍射和稳健，使其发展成为百年企业。当今社会，建立事业不进则退，需要不断完

耕耘岁月
一个东莞农民的创业之路

善、关注和不断投入资金,以及进行硬件改造和软件调整,只有这样才会有生存机会,要说是否有把握,既可以说我们有信心,也可以说是处处有危机。我们做任何事都不是胜券在握的,只是稳中求进,希望能保留好生存空间。但是,要么不做,一旦决定了做就一定要做好。我是厚街人,厚街人有一种被大家公认的精神:追求卓越,永不言败!"

老骥伏枥

LAOJI FULI

品牌之路

华源公益

顺势而为

品牌之路

从"第一施工队"到广东华源企业集团

林干能家中庭院里有一方景观石,景观石上刻着他亲笔书写的两句话:"喜悦带着汗水 幸福伴随艰辛",这两句话是他对自己人生的提炼,也是他创业历程的写照,也希望对下一代的成长能起到启迪作用。

▲ 家园景观石

林干能自1977年以个人单干形式在长安镇新民村开始他的建筑生涯，到1987年带领的建筑工程队被厚街城市建设办公室列为"第一施工队"，他用了十年时间在建筑行业积累了经验和口碑，带着建筑工程队从一个松散的农民工团体向正规化、有组织的企业转型。

　　1994年5月，林干能成立东莞市华源实业有限公司，这是华源企业集团最早的公司，经营范围主要是建筑、装修等。

　　1998年11月，为适应企业发展与政策的要求，林干能以第一施工队为基础注册了东莞市华源建筑工程有限公司。林干能由此从一个建筑包工头向企业家转变。

　　1998年，林干能决定投资兴建一家五星级酒店。随后，2000年11月成立东莞市嘉华酒店有限公司。2001年9月15日，嘉华大酒店正式试营业，林干能的酒店产业从此起步并一炮打响。

　　2000年12月，林干能加入广东现代国际展览有限公司，成为首批股东之一，开始涉足会展业。但林干能真正从事并开拓会展业，是在2005年广东现代国际展览有限公司改制后，全面接手广东现代国际展览中心的经营管理开始，由此成为中国为数不多的承办地方会展业的民营企业家。

　　2004年12月8日，林干能审时度势，整合名下所有企业，组建了广东华源企业集团，这是他创业历程中一次巨大的飞跃，标志着林干能开创的传统企业自此开始走向现代化、规范化和品牌化。此后，华源企业集团一路稳扎稳打，以酒店、会展、商场、建筑、家装、地产等产业为核心，逐渐拓展产业领域，经营范围涉及酒店、展览商贸、物业租赁、建筑、家具、房地产、板材制造、玻璃深加工、文化体育和教育事业等行业，连续多年荣获"东莞市民营企业50强"称号。

　　华源企业集团成立以来，经过十几年的不懈努力，在发展过程中遵循"品牌立店，铸造辉煌"的构想，严抓硬件升级、以人为本、优质服务、

耕耘岁月
一个东莞农民的创业之路

▲华源集团办公大楼

企业文化建设、品牌形象宣传等方面的工作,坚持把握决策和布局、行动和执行、速度和效率三个关键点,坚定不移地走品牌化发展之路,立足广东,面向国际,不断提升自身的管理水平和服务质量。

从嘉华大酒店到嘉华酒店产业集群

2001年9月15日,嘉华大酒店开始试营业,由此开启了"嘉华酒店"的品牌化发展之路。

在林干能的规划中,嘉华大酒店从一开始便奔着知名品牌超豪华商务型五星级酒店的方向发展,并致力于打造中国民族酒店品牌。

开业后的嘉华大酒店以精致的装潢、艺术性的氛围、细致周到的服务

老骥伏枥

▲ 嘉华大酒店大堂

在同行中脱颖而出，成为广东酒店业一颗璀璨的明珠。2006年酒店扩建后占地面积4.5万平方米，形成主楼、A座和B座三栋相连的建筑群，建筑总面积为21万平方米，其中主楼53层、230米高，2004年建成封顶时，意味着当时东莞第一高楼横空面世。酒店大堂面积达2500平方米，居中摆设着巨大的"九如意"琉璃雕塑，映衬得大堂流光溢彩、金碧辉煌。作为商务型五星级酒店，嘉华大酒店以商务设施配备豪华、功能齐全而在业界享有盛名。酒店设置有面积达2700平方米的超大型宴会厅，配备了60平方米的LED高清显示屏，可举办容纳3000人的会议和2000人的盛宴，并设有专属厨房。另有20间豪华多功能厅、会议室和贵宾接待室，其中有8间汇集了可供中、日、意及西班牙等国际美食的餐厅及酒吧，以及一应俱全的室内外泳池等康体设施。

走品牌之路，离不开文化支撑，没有文化内涵的品牌难以成就辉煌。林干能认为，以文化塑造企业形象，以文化奠定品牌基石，用文化培育创

耕耘岁月
一个东莞农民的创业之路

▲ "九如意"琉璃雕塑

新意识，用文化打造执行力，是企业发展的需要，也是社会进步的标志。林干能常说厚街人"决不言败，追求卓越"，这在他创办嘉华大酒店的过程中表现得淋漓尽致。他向来认为，一家真正的高档五星级酒店，绝不仅仅只拥有了超越其他酒店的硬件条件，更在于深厚的文化底蕴等软实力。故而嘉华大酒店于2002年7月即出版内部报刊《嘉华之声》，这在当时的酒店业中堪称凤毛麟角，可谓在珠三角酒店行业内领先一步打造酒店文化。为增强员工的凝聚力和归属感，林干能将《嘉华之声》办成广大员工与酒店管理层交流沟通的窗口，并召集文化沙龙，利用节假日举办民俗文化节，将文化艺术、民俗活动与旅游度假深度融合，这是华源企业集团提升文化内涵的卓有成效的尝试和探索。林干能常在董事会上跟酒店管理层强调"喜悦的员工创造喜悦的客人"的管理和服务理念，他还执笔创作了店歌《我心中的玉兰花》，发动员工传唱。

浓郁的艺术氛围也是嘉华酒店集团的自身特色。酒店内部艺术氛围主要由书画艺术、琉璃艺术、雕塑艺术等共同营造。除著名画家程振国先生为嘉华酒店创作的巨幅山水画《黄山处处皆胜境》是嘉华大酒店的镇店之宝外，嘉华大酒店还有另一件镇店之宝——琉璃九如意。这座陈设于嘉华大酒店大堂正中，重达4.2吨、高2.2米的琉璃雕塑由国际著名艺术大师设计，九条形态各异、跃动的鱼圈列于海浪周围，完美地组成了一件寓意生机勃勃、奋进向上、吉祥如意的琉璃艺术品。琉璃是佛教七宝之一，"九"寓意"长久"，"鱼"寓意"吉祥如意、年年有余"，以海蓝、玫红和琥珀等色为主色，象征活力、聚福及好运。这件流光溢彩的琉璃杰作，是当前世界上较大型的琉璃艺术品之一，不仅是嘉华大酒店的镇店之宝，更是嘉华酒店集团文化系列的标志性艺术品之一。

为了传递美好的祝福以及传承嘉华文化精神，嘉华酒店集团旗下的厚街国际大酒店、惠州金海湾嘉华度假酒店、广州增城白水寨嘉华温泉酒店都各定制了一座小型版的"九如意"琉璃雕塑，使其成为嘉华系列文化的重要标志。此外，还在金海湾嘉华温泉酒店设计了一款海滩系列作品，名为"潮涌"；在增城白水寨嘉华温泉酒店又设计了一款温泉系列作品，名为"浪花"。

嘉华大酒店的特色美食也为各方客人所津津乐道。东莞市经济贸易局、旅游局每两年举办一届东莞钻石名菜评选活动，嘉华酒店集团连续参选并获奖。其中，2009年获评第二届东莞"钻石名菜"的"金丝凤尾虾"，专家点评该菜式造型别致、生动，主副料搭配合理，色泽金黄，是西餐菜式作为中餐品种的创新佳作。同届，嘉华酒店集团还有一道以鸡肉和鹅肝为主料的"凤舞升平"获评"特色名菜"。

耕耘岁月
一个东莞农民的创业之路

▲ 东莞钻石名菜"金丝凤尾虾"

▲ 东莞特色名菜"凤舞升平"

嘉华大酒店自开业以来，先后接待过大批国内外的领导人、社会名人、明星等，还曾是第九届全运会、第十一届省运会、国际名家具展、广交会、广印展等大型会议会展的指定接待酒店。对于各类接待，嘉华大酒店以其高质量的服务获得国内外各界人士的高度评价，由此使"嘉华"品牌蜚声海内外。同时，嘉华大酒店对社会公益事业和体育事业大力支持和

▲ 嘉华大酒店获"国家特级酒家"称号后进行五钻酒家荣誉授牌时员工合影留念

▲ 嘉华大酒店接待外国贵宾留影

赞助，树立起了富有责任感和公信力的企业形象，得到了社会公众的认同和广泛好评。嘉华大酒店品牌知名度、美誉度不断提升，曾经先后荣获"国家特级酒家""2010—2012年东莞市商贸龙头企业"等荣誉称号。

2004年，原厚街大酒店拆除，林干能提前将其作为"三旧"改造项目对酒店进行全面升级，这一举动进一步提升了厚街酒店的品牌形象，为厚街酒店业的飞跃发展做出了贡献。林干能计划将厚街大酒店重建为继嘉华大酒店之后另一家五星级国际商务接待酒店。2010年1月，楼高49层的东莞市厚街国际大酒店落成试业。酒店顶层的豪华旋转餐厅，至今仍为广东省为数不多的360°旋转餐厅，也是广东地区最高的旋转餐厅。厚街国际大酒店的落成，意味着林干能已将酒店产业作为华源企业集团旗下的核心产业进行深耕和拓展，他的目光已不局限于开一家五星级酒店，而是谋划开创一个酒店产业集团。

耕耘岁月
一个东莞农民的创业之路

  2009年9月23日,惠州市金海湾嘉华度假酒店破土动工。这不仅标志着"嘉华酒店"品牌走出了东莞,更反映了林干能的经营目标开始从发展商务型酒店向商住、旅游一体化酒店产业的转型。2010—2011年,林干能又先后成立东莞市嘉华物业投资有限公司、惠州市华源房地产开发有限公司、广州华源酒店有限公司。依托"嘉华酒店"这个品牌,林干能率领华源企业集团围绕嘉华酒店业务,拓展相关物业、房地产业和旅游业。2016年8月集团成立东莞市嘉华旅行社有限公司,配合集团旗下各旅游度假酒店开展旅游业务。2018年继续筹建韶关半溪嘉华温泉酒店有限公司,2019年又在惠州和汕尾接续发力,先后成立惠州市嘉华慕腾房地产开发有限公司、汕尾市嘉华投资有限公司,积极筹备修建汕尾市嘉华温泉酒店。

  如今,最初的嘉华大酒店已发展成为拥有厚街嘉华大酒店、厚街国际大酒店两家知名五星级商务型国际大酒店,以及惠州金海湾嘉华度假酒店、增城白水寨嘉华温泉酒店、惠州南昆山慕思嘉华度假酒店等集商务、

▲ 厚街国际大酒店旋转餐厅一角

度假、旅游、地产等产业于一体的酒店产业集群。尤其南昆山慕思嘉华美泉谷项目，更是旨在打造成一个集体育健身、休闲娱乐、会议培训、酒店餐饮、理疗养生、旅游度假等服务为一体的生态健康养生小镇。

南昆山嘉华美泉谷项目坐落于惠州市龙门县永汉镇麻埔枫树坳，邻近著名的南昆山国家森林公园，四周峰高谷幽，云雾缭绕，树木葱郁，溪水长流，环境清幽，周围被天然山谷湖水环抱，构成一幅青山绿水、翠绿相映的美丽景色。该项目由著名设计公司设计，占地约1000多亩。入口塑石山体上人工雕刻的行草书法"美泉谷"字高19米、宽13米，是广东目前最大的山体人工雕刻字工程之一。"美泉谷"三字由林干能书写，笔势雄健洒脱，引人注目。进入美泉谷，度假酒店区、养生温泉区、独立别墅区、休闲娱乐区和特色商业区等养生居群错综布局，景观层次丰富，依山傍水、层林叠翠、湖光山色，融合了南昆山特有的山水文化、人文风貌、优质温矿泉资源，彰显出南昆山美泉谷山水融合、人与自然和谐共生的美好印象。

▲南昆山美泉谷人工雕刻工程

耕耘岁月
一个东莞农民的创业之路

▲南昆山慕思嘉华酒店及12米高、200米长的S形瀑布景观

　　泉谷内三大亮点让人耳目一新：一条12米高、200米宽的景观瀑布，与中央内湖、外湖相互辉映，形成极具吸引力的景观长廊，其是目前国内跨度最大的人工瀑布之一，置身其中，让人心情豁然开朗；一个具有文化涵养的藏书阁，将引导人们更好地畅游藏书文化的历史时空之旅，成为一处供人休闲、读书、赏乐的充满诗意的文化栖息地；一个童话般的婚礼礼堂，搭配宽敞的绿茵草坪广场，成为一个山盟海誓相许的浪漫之地。泛舟于泉谷内湖泊，行走于七彩玻璃桥、湖景栈道，徒步于森林，酒店每一处都能带给人们多维度的体验。

从广东现代国际展览中心到世博园

会展业是华源企业集团旗下另一核心产业，立足广东现代国际展览中心成功举办的各类展览则是华源企业集团产业的又一品牌亮点。在华源企业集团旗下广东现代国际展览中心有限公司、广东现代会展管理有限公司的运作下，迄今已成功举办数千场各类大中小型会展，催生了名家具（东莞）展、智博会、海博会等多个国际知名展会。如今，名家具（东莞）展已顺利举办了46届。在集团的运作下，名家具展不断转型升级，创新展示平台，呈现多样的展览视觉空间效果，在引领中国家具行业风向的同时，融合房地产、建筑、建材、室内装饰、定制、成品家具、软装等大家居资源，开启行业新的展览模式。

此外，集团公司还曾先后成功举办了中央电视台"同一首歌"、维也纳交响音乐会、香港十大歌星演唱会等文化活动，以及"国际名家具（东莞）展览会""广东国际汽车展览交易会""东莞国际机械及原料展、塑料及包装

▲国际名家具展海报

耕耘岁月
一个东莞农民的创业之路

▲第 30 届名家具展开幕式现场

▲第 40 届名家具展开幕式现场

展""国际名鞋展"等大型品牌展会。如今,广东现代国际展览中心依托成熟的产业基础、雄厚的会展资源、专业的会展团队和优良的产业政策,秉承"一站式A+"的服务理念,吸引各式展会办展,被称为华南工业展览的先行者,成就了东莞作为"华南工业展览之都"的美誉。

多年来,广东现代国际展览中心跃身为国内闻名、国际知名的工业展览基地,先后获得"中国综合服务最佳场馆""中国会展业十大关注度企业""中国十佳展览公司""中国十大品牌会展场馆"等荣誉称号,并成为香港展览会议协会会员、中国展览馆协会会员、中国会展经济研究会理事单位。

2012年12月26日,林干能成立广东名家居世博园会展有限公司,从事展览组织策划、提供展览服务、展位平面设计、物业租赁以及批发和零售业。其实,它更是林干能谋划的一个全年永不落幕的家具展贸展销会。2014年6月21日,华源集团独资会展物业名家居世博园一期9号馆落成开园。该馆建筑面积超40万平方米,含7万平方米的软装设计饰品馆。2017年8号馆开馆,建有3万平方米的全屋设计定制馆,以及独立大店展贸一体模式的国际家居名店街(东街),囊括了国际国内一线品牌的最新潮家居产品,为全球卖家及终端消费者提供一站式全方案设计落地的全屋整装定制解决方案。

名家居世博园独创全球最大的展贸一体化平台,为进驻的500家国际、国内一线知名品牌厂商打造了一个集全球家居品牌展览、加盟、采购、直销于一体的家居展贸服务平台。名家居世博园将定时专业展览和常年品牌展示相结合,形成全球规模最大的家居展贸综合体,不仅是365天永不落幕的家居展贸展销会,更是大家居产业的"硅谷"以及新零售体验中心和创意中心。广东现代国际展览中心及名家居世博园联合运作,形成了厚街新的家具展会模式。

耕耘岁月
一个东莞农民的创业之路

▲ 2014年6月21日名家居世博园开园盛典现场

▲ 名家居世博园9号馆外景

如今，东莞会展模式已闻名全国、深入人心。站在新的历史起点上，东莞正推动从"制造"向"智造"转变，加速打造世界级先进制造业产业集群，"小镇办大展"成为中国会展经济版图上一道独特风景。华源企业集团密切配合东莞产业发展，积极谋划新的会展品牌和会展模式，以立足于大湾区背景下的新定位、新目标和新路径谋求更高的发展。

2020年出现的新冠肺炎疫情给全球经济和社会造成了巨大危机，东莞制造业、会展业、酒店业都深受其害，一些已经筹备开展的博览会临时延期。曾经的展会是企业排队找位，这两年很多企业因为疫情无法到场，但林干能并没有灰心。在东莞市及厚街镇相关部门的支持下，2020年和2021年广东现代国际展览中心依然每年举办了二十余场展会。林干能认为，越

耕耘岁月
一个东莞农民的创业之路

▲ "名家居世博园"文化石（林干能题）

是在产业面临困难的时候越不能停办展会，展会是连接工业和商业的平台，没有会展便没有展示平台，没有展示平台产业更会举步维艰。会展不仅对于搭建产业发展平台有极为关键的作用，对城市形象更有巨大的提升作用。未来东莞产业要进一步拓展市场，加快发展和腾飞，就必须坚持会展业朝更高规模、更高规格、更具品牌影响力的方向发展。

老骥伏枥

▲ 2014年广东现代国际展览中心展会期间,嘉华酒店大堂人来人往,热闹非凡,为高星级酒店生意带来勃勃生机。

耕耘岁月
一个东莞农民的创业之路

▲ 2014年名家具展期间,广东现代国际展览中心热闹而有序的现场鸟瞰图。

▲ 林干能家庭成员合影（2021年摄）

具体的目标与行动。当代企业家爱国行动应该与时俱进，不仅应在商业行为上系统考量国内外市场需求，更应该把国家利益放在第一位，使自己和企业与祖国同呼吸、共命运。

"居庙堂之高则忧其民，处江湖之远则忧其君"，古人先贤的嘉言懿行犹在耳侧。肩负一家优秀企业应有的社会责任和使命担当，让深藏于心的家国情怀化为切身行动，关注民生，参与公益，从点滴做起，这是林干能对个人的要求，也是全体华源人在新时代扬帆起航、不懈耕耘的目标和任务。

家人回忆，在一次家庭聚会中，林干能对着他的弟弟、妹妹及孩子们说到："一个人想要成功，先要把感恩写在心中，要时时不忘别人的帮助，时时记住报答他人、报答社会，这是成功的保障。感恩是一种优秀品质，是一种道德情操。我们要感恩老师，感恩学校，感谢老师的辛勤付出和谆谆教诲，感谢学校这个平台给我们的启迪和帮助。我们要感恩时代，因为我们的生活水平极大地提高了。我们要感念时代的赐予，珍惜现在拥

耕耘岁月
一个东莞农民的创业之路

有的一切,增强奉献意识和社会责任意识,懂得回报社会。"

林干能接着语重心长地对孩子们说:"感恩之心,就是对世间所有人、所有事物给予自己的帮助表示感激,铭记在心;感恩之心,是我们每个人生活中不可或缺的阳光雨露。我们要用'感恩的脚步'走出属于自己的人生道路,要牢记党恩,回报社会,为构建和谐社会奉献自己的绵薄之力。"

自2006年以来,华源集团先后以华源集团慈善基金会的名义,向社会各界捐资,目前捐助金额已达数千万元。

2006年12月27日,东莞市在东莞体育馆隆重举行"平安东莞"文艺晚会,隆重表彰东莞市杰出(优秀)青年卫士和见义勇为好市民,同时正式成立东莞市见义勇为基金,并且在现场举行募捐仪式。东莞市嘉华酒店有限公司执行董事陈国枝参加了晚会,并代表东莞市嘉华酒店有限公司现场捐助人民币200万元。

2007年8月,林干能向东莞市见义勇为基金会捐款30万元。

2007年12月,林干能向东莞市厚街慈善会捐款100万元。

2008年5月,林干能向东莞市抗震救灾募捐150多万元。

2008年12月,林干能向南宁市江南区妇女联合会捐款10万元。

2010年8月,林干能为厚街镇新围村修路捐款60万元。

2011年2月25日,嘉华大酒店响应广东省旅游局的号召,参加"情系广东,幸福广东——广东省百家旅游企业爱心行动"活动,并向乳源瑶族自治县洛阳镇板长村奉献爱心,捐款5万元。

2011年3月,林干能向厚街镇双岗村"爱心超市"活动捐款50万元。

2011年8月,林干能向东莞市残疾人福利基金会捐款20万元。

……

华源集团还加入了国家倡导的精准扶贫队伍,多年来配合厚街镇对口帮扶韶关翁源县。2018年7月20日,参与了"护苗计划""'脱贫攻坚,

▲ 嘉华酒店有限公司向东莞见义勇为基金捐资200万元

你我同行'爱心联盟"活动，活动中捐赠10万元用于资助翁源县贫困村198名贫困小学生求学。同年12月19日，又前往翁源县翁城镇尚同中学开展"爱心联盟 你我同行"助学行动，为200名贫困家庭学生送上助学金，等等。

▲ 东莞市见义勇为基金会向林干能颁发荣誉奖牌

暖冬行动

"老吾老,以及人之老;幼吾幼,以及人之幼。"每年中秋节和春节组织人员前往厚街敬老中心进行慰问,已经成为嘉华大酒店不成文的规定,也是关爱老人、与老人最美好的约会。自广东华源企业集团成立以来,林干能召集华源人已经连续19年在中秋节、春节两大节日前往厚街敬老中心慰问老人,从未间断。厚街敬老院中心负责人说,嘉华酒店集团已经是老人们的好朋友了,见到他们就如见到自己的亲人一样亲切。嘉华酒店集团在关心老人们的物质生活的同时,更关心他们的精神生活,曾多年邀请十多位粤剧爱好者为他们表演粤曲。听到熟悉的粤曲,老人们喜笑颜开,比收到礼物还开心。

2013年12月10日,嘉华酒店集团旗下嘉华大酒店、厚街国际大酒店、金海湾嘉华度假酒店,同步在各自的酒店大堂设置展示区、宣传区,向所有人发出"暖冬行动"募集倡议。嘉华酒店集团此次发起"暖冬行动"的目的是捐助敬老院,关爱老年人,募集到的现金和款项将会悉数捐赠给厚街各敬老院。四季循环,生命无常,人们无法控制衰老,就如同无法控制严冬的寒冷,但我们可以点燃爱心的火焰,赋予无常的生命以人性的温暖。人们对于这次"暖冬行动"反响热烈,在短短十几天的募集时间里,仅厚街国际大酒店就募集了现金6000多元以及一批毛衣、帽子、围巾及被褥床垫等暖冬物资。

让人感动的是员工们的积极参与。厚街国际大酒店管家部制服房和洗衣房的员工得知"暖冬行动"后,利用下班时间亲手织了十套毛绒围巾和帽子放进了捐赠箱。酒红色的毛线,在午后阳光的照耀下特别醒目。中餐部的员工也踊跃捐款,共募捐了2000多元现金和一批暖冬物资。

嘉华酒店集团的"暖冬行动"继续在行动,这个行动已经不仅仅指某次单独的慈善活动,而是泛指集团开展的一切关爱生命、扶助幼弱的公益行动。著名教育家、清华大学校长梅贻琦曾说："所谓大学者，非谓有大楼之谓也，有大师之谓也。"梅先生指出，真正的好大学，不是因为有高大的教学楼和美丽的校园，而是有学识渊博、诲人不倦的大师。由此我们也可以认为，一个社会的文明程度，不在于有多少高楼大厦、灯红酒绿，而在于繁华背后的弱势群体是否"老有所终，幼有所教，贫有所依，难有所助，鳏寡孤独废疾者皆有所养"。一个人真正的美德在于其对弱者的态度，而不是站在高高的演讲台上说出的自我标榜的口号。数次暖冬行动中，华源人以自己的行动彰显了纯真的大爱精神。

回馈社会，授人以渔

林干能认为，成功的公益事业，不仅要在物质上帮助需要帮助的人，更重要的是消除他们的自卑感和悲观情绪，让他们在精神上感受到社会的温暖；"授人以鱼，不如授人以渔"，要让他们树立积极的心态，认真把握自己前行的道路。为了实现这个目标，林干能在自己的公益事业中，尤其关注捐资助学，强调教育、知识的重要作用。

2007年2月，林干能给双岗村助学基金捐款36万元。2010年12月，再次捐款55万元。2010年12月31日，东莞厚街国际大酒店举办了"梦幻新春颂 国际爱童心"公益活动，来自惠东县黄排小学的师生代表应邀出席。活动中，东莞市团委、厚街镇人民政府、东莞市邮政局以及广东华源企业集团董事会、东莞市嘉华酒店管理有限公司给惠东县黄排小学捐赠了爱心礼物。一个小小的书包、一支小小的铅笔、一本小小的字典，对于那些渴望知识的贫困地区的学子们来说，都是很大的帮助。

林干能对母校厚街双岗小学有着深深的情谊，六年琅琅书声、童真无瑕的小学生涯，常常令他回味不已。双岗小学历史悠久，最早创办于民国时期，1949年复办。由于经受过悠长岁月的风吹日晒，校舍日渐陈旧。看着双岗的孩子们在经济飞速发展的今天仍在陈旧的校舍里上课，林干能心里很不是滋味。为回报母校，他决定捐资重建教学楼，改善教学环境，为双岗的孩子们创造一个窗明几净的校园环境，也为他们的未来留下更加美好的回忆。

2015年，林干能通过华源企业集团以定向捐赠的方式向厚街慈善会捐赠1000万元设立专项基金，专门用于建设双岗小学教学楼、教工宿舍楼、学校体育场等硬件设施，帮助双岗小学全面改善教学条件。2015年双岗小学开始改造，2016年竣工。改造后，双岗小学面貌焕然一新，并设有图书室、书法室、美术室等各种功能室。教室窗明几净，学校教学质量稳步提升。随着学校的改造和办学水平不断提高，双岗小学被评为厚街镇教育信息化特色学校。

此外，林干能为使学校的环境更优美、更有好学的氛围，亲自选购并捐赠了三棵12米多高的美树种植在校园里，并特别去韶关、英德等地选购了奇石摆放在校园里作为装饰。在双岗小学大门口，摆放着一块由他亲笔题写了"博学"二字的景观石，以勉励学子们博览群书、博学多才，好好学习，天天向上。

随着学校的办学条件不断完善，双岗小学的教学质量也更上一层楼。学校始终坚持"有教无类，乐学致远"的校训，以历史积淀为基石，以开拓进取为动力，遵循"为了一切学生、一切为了学生"的办学宗旨，引导学生把学习当作乐趣并以这种兴趣爱好来促使自己在学习的路上一直走下去，让学生快乐学习，让教师快乐工作，给学生、教师创造广阔的快乐天地。林干能相信，双岗小学的明天一定会更加美好。

林干能曾在厚街慈善会活动上发言，他讲道："近年来，厚街慈善事业之所以能蓬勃发展，正是因为有爱心企业家大力弘扬乐善好施、人人为善的精神。因此，我们希望通过一点点心意、一个个善举，作为回报

▲ 焕然一新的双岗小学门楼

▲ 生机勃勃的双岗小学

母校、回报社会的新起点，引起全社会的关注，并起到承先启后的作用，更希望继往开来的学子们能够真正体会到其中的精神内质，大格局、广视野，更健康全面地发展，将来在社会各条战线上都能发挥榜样的力量。"

此外，林干能还率领华源企业集团不遗余力地开展针对对口扶贫县翁源的"护蕾助学"行动，几年来已多次发起慈善活动，募集书籍、学习用品和衣物等开展助学和帮扶工

▲双岗小学"博学"文化石（林干能题）

作。2020年9月，林干能倡导发起嘉华大酒店19周年店庆慈善活动。活动的主题为"勇担责任·共享荣光"，旨在用实际行动激励人们助力爱心公益，践行和谐社会。活动期间共募集了500余册书籍、一批学习用品以及500多件秋冬衣物。这些物资由嘉华大酒店慈善工作组驱车300多千米送往厚街镇对口帮扶的韶关市翁源县官渡镇新陂村孩子们的手上。

林干能"授人以渔"的行动还表现在大力培养和提升内部员工的整体素质上。现代商业社会的竞争越来越激烈，职业压力越来越大，面对竞争白炽化的人力资源市场，人才竞争已成为企业竞争的突出表现形式。林干能投入了大量的资源，大力加强员工的培训工作，努力提高全体员工的职业素养。

团队建设，是一个企业的灵魂。林干能着力于建立一个高素质、有热情、和谐的团队。他强调团队的合作精神，力争让所有人员都参与到团队

的协作之中，不让任何一个员工成为旁观者。

在照顾员工的生活方面，林干能把广大的员工当作企业的"内部顾客"，充分考虑到他们生活中所遇到的细节问题。为了激发员工的工作积极性和热情，营造互相激励、积极向上的工作环境，林干能支持推出许多员工激励方案。企业每月组织员工生日会，每年组织员工旅游，另外还特别支持举办各类球赛和文艺活动，使举办的节目丰富多彩，异彩纷呈。

此外，林干能还将党建机制引入华源企业集团内部，2007年即在华源企业集团成立了党支部，把共产党人的模范先锋作用融入工作之中。党支部组织积极开展各项非公党建活动，紧密结合经营，以共产党员的模范带头作用加强公益事业，提升企业品牌形象。很多党员在酒店关键岗位承担重要工作，这成为华源企业集团的又一特色。从2017年开始，内刊《嘉华之声》第四版开辟了"党建专栏"，林干能倡议集团党员发声，鼓励党员畅所欲言，宣传集团的党建活动，让集团党组织在新时代发挥应有的作用，不仅积极响应党的号召，展示党员风采，提升了品牌形象，还在集团内部营造了风清气正的良好氛围。

▲林干能参加2003年酒店员工长跑活动

顺势而为

今日的林干能不仅是广东华源企业集团董事长,还是第十届、第十一届广东省政协特聘委员、广东公共外交协会第一届理事会常务理事、东莞市旅游饭店协会名誉副会长、东莞市见义勇为基金会名誉理事长、厚街商会名誉会长。

回顾早年的创业历程,林干能说自己每一步都是踏踏实实、一步一个脚印的,既不冒险激进,也不犹豫退缩,而是紧跟时代发展的节奏,稳稳当当地立足并发展壮大。他少年时从泥水工起步,凭借真诚朴实、勤奋耐劳、好学肯干的作风在建筑行业获得了良好的口碑。1979年拉上几个亲

▲ 2020年6月,林干能在果园摘荔枝

友，首次成立建筑工程队，此后他带着这支队伍逐渐立足建筑行业并赴深圳创业，积累了丰富的建筑和管理经验，1987年成为厚街城市建设办公室管理的"第一施工队"。随后先后成立了东莞市华源建筑工程有限公司和东莞市华源实业有限公司，这两家企业不断发展壮大，并随着东莞家具业、酒店业、会展业的兴起，业务范围逐渐拓展，如今已发展成为集建筑业、家具业、床上用品制造业、酒店业、展览业、高压板材制造业、玻璃深加工业、物业租赁和体育事业于一体的广东华源企业集团有限公司。其中，旗下嘉华大酒店、厚街国际大酒店、广东现代国际展览中心及名家居世博园这四个项目已成为集团公司的旗舰企业，堪称东莞酒店业旗帜之一。

传统企业带有创始人鲜明的个人色彩，而现代企业则以管理、品牌和文化决胜于企业之林。林干能深知，适应时代发展需要，让企业立于不败之地，唯有科学、规范、现代化的管理才是立足之本。华源企业集团成立后，林干能在酒店集团内部力推QC管理模式，形成以董事会领航、执行董事负责、各版块既统筹规划又相对独立运营的组织架构，以现代化的管理模式代替传统个人决策。同时紧随时代发展，推行改革和创新，将新技术引进集团管理，在建筑板块推行电脑化、规范化、标准化管理，在酒店板块引进5D技术和智能管理设施，在会展板块实行智能化办展等。现代企业管理模式和管理理念正逐步在华源企业集团推行，从而促进集团科学决策、良性高效运作。

随着我国迈进"十四五"规划新时代，贯彻习近平新时代中国特色社会主义思想，推进高质量发展成为我国经济社会发展的主题。2022年1月，东莞市第十五次党代会确定了东莞新的经济社会发展目标，未来东莞将立足"千万人口、千万GDP"的"双万"新起点，聚焦科技创新和先进制造，谋划现代化建设，力争经济综合竞争力稳居全国前列，创新引领产业发展形成强大动能，城市综合环境达到国际一流湾区标准，全市人民共同富裕取得实质性进展，治理体系和治理能力现代化基本实现，党的全面领导和党的建设进一步加强。

华源企业集团作为立足和引领一方产业发展的知名企业，站在新时代、新征程的起跑线上，重要的是找好自己的坐标位置，担负起历史使命，坚韧不拔，齐心协力，脚踏实地，锐意进取，在新时代展现新气象、实现新作为。

跨越新时代，唯有不懈奋斗，才能保持定力，才能苦尽甘来。远见者看到希望，奋进者选择希望，追梦者拥抱希望。

新时代，属于奋斗者。新时代是奋斗者的时代，新时代的奋斗也一定是艰辛的。奋进新征程，务必要找准着力点，抢抓机遇，转变发展方式、加快创新发展，发扬力争一流的精神，聚焦聚力提质增效。

企业发展需要拼搏奋斗。奋斗，意味着要担当尽责；奋斗，意味着要埋头苦干；奋斗，意味着要善干巧干。实实在在，心无旁骛做实业，这是本分。做实业，靠的是实打实，真抓实干。

林干能认为，企业必须精益服务，升级品质。"精"是精细化，在于有亮点，能打动人；"益"是有效益，有收益，能增值。企业要专注于服务输出、经营氛围、环境美化和安全保障，企业要根据新市场、新业态、新技术进行有益的改良、尝试和创新，集思广益，众志成城，提高营运能力和服务水平，才能屹立于激烈的市场竞争之林。

东莞雄厚的制造业基础和国际化的产业结构催生了当地的会展经济，而会展经济的蓬勃发展，为东莞市的旅游业、酒店业和餐饮服务业带来了广阔的市场空间。会展特色的酒店作为必不可少的硬件，成为本地会展经济的坚强后盾。在21世纪初，东莞已经形成了展览业和酒店业互为依存、互动发展的局面，林干能牢牢抓住这个机遇，毅然投资会展配套的酒店

▲林干能家人合影（左起：林集永、林淦泉、林干能、林正全、林永晋、林永健）

业，对带动本地区经济的发展起到了积极的作用。

2020年，厚街新增"中国产业会展示范区""广东省城乡融合发展省级试点中心镇"等城市名片，这是东莞的骄傲，也是厚街的骄傲。林干能欣慰地看到，这些荣誉的背后有着华源人奋斗的身影。对于集团未来的发展，他并没有太多的豪言壮语，而是一如既往地强调"稳中求进"。

"我将在我的有生之年尽力维系集团，力求可持续稳定发展。接棒涉及方方面面，需要一个深思熟虑的过程。目前还有多个城市更新的项目在完善和深化，至少需要3~5年时间才能结束，所以暂时不考虑扩展企业版图。我将脚踏实地做好每一件事，行稳致远，稳健求升。"林干能说。

行稳致远，稳健求升。乘着时代发展的春风，林干能继续耕耘，华园企业集团砥砺前行。

参考文献

[1] 中共中央办公室调研室综合组. 东莞十年（1979—1988）[M]. 上海：上海人民出版社，1989.

[2] 中共东莞市厚街镇委会，东莞市厚街镇人民政府镇志编写组. 厚街镇志[M]. 广州：广东写作学会，1994.

[3] 东莞市地方志编纂委员会. 东莞市志[M]. 广州：广东人民出版社，1995.

[4] 陈桂明. 持续发展的动力：东莞工业产业升级之路[M]. 广州：广东人民出版社，2005.

[5] 东莞市民营经济发展协调办公室，东莞市地方志编纂办公室. 东莞市民营企业风采[M]. 广州：岭南美术出版社，2006.

[6] 中共东莞市委党史研究室. 东莞抗日实录[M]. 北京：中共党史出版社，2006.

[7] 中共东莞市委政策研究室. 谋事之基 成事之道：2006年东莞市重要调研成果[M]. 广州：广东科技出版社，2007.

[8] 蒋才虎. 中国南海城市东莞的崛起[M]. 广州：广东经济出版社，2008.

[9] 中共东莞市委党史研究室，东莞市档案馆. 东莞历届人民政府工作报告选编（1954—2007）[R]. 东莞：东莞市新闻出版社，2008.

[10] 陈荣平，黎高明，吴维初. 跃迁大未来：东莞发展模式转型研究[M]. 广州：广东人民出版社，2008.

[11] 新京报社. 日志中国：回望改革开放三十年（1978—2008）[M]. 北京：中国民主法制出版社，2008.

[12] 陈立平. 东莞改革开放发展研究[M]. 北京：中共党史出版社，2008.

[13] 中共东莞市委党史研究室. 东莞改革开放三十年大事记（1978—2008）[M]. 北京：中共党史出版社，2008.

[14] 黄浩. 路是这样走出来的：广东改革开放风雨录[M]. 广州：广东人民出版社，2008.

[15] 中共东莞市委党校. 东莞改革开放辞典[M]. 广州：广东人民出版社，2008.

[16] 黄埔海关，东莞市人民政府. 改革开放30年东莞对外贸易白皮书[M]. 北京：中国海关出版社，2008.

[17] 王道平. 东莞30年：一个沿海开放地区建设中国特色社会主义的成功实践[M]. 广州：广东人民出版社，2008.

[18] 何建民，朱子峡. 东方光芒：东莞改革开放30年史记[M]. 北京：作家出版社，2009.

[19] 孟云剑，杨东晓，胡腾. 共和国记忆60年（编年纪事）[M]. 北京：中信出版社，2009.

[20] 中共东莞市委党史研究室. 广东革命史选论[M]. 北京：中共党史出版社，2009.

[21] 龙眠，文华. 新中国60年大事本末[M]. 成都：四川人民出版社，2009.

[22] 东莞市长安镇志编纂委员会. 东莞市长安镇志[M]. 广州：广东人民出版社，2009.

[23] 深圳博物馆. 深圳博物馆基本陈列·深圳改革开放史[M]. 北京：文物出版社，2010.

[24] 《习仲勋主政广东》编委会. 习仲勋主政广东[M]. 北京：中共党史出版社，2013.

[25] 东莞市对外贸易经济合作局. 东莞市外经贸志（1878—2010）[M]. 广州：广东人民出版社，2014.

[26] 金碚，张其仔. 全球产业演进与中国竞争优势[M]. 北京：经济管理出版社，2014.

[27] 《东莞市厚街镇志》编纂委员会. 东莞市厚街镇志[M]. 广州：广东人民出版社，2015.

[28] 中共东莞市委宣传部，南方日报珠三角新闻部. 东莞探索：成长奇迹背后的密码[M]. 广州：南方日报出版社，2015.

［29］刘松泰．农耕档案：1949—1979年东莞农耕史实［M］．广州：中山大学出版社，2016．

［30］东莞市政协．改革开放东莞百个率先［M］．广州：广东经济出版社，2016．

［31］涂俏．袁庚传：改革现场（1978—1984）［M］．深圳：海天出版社，2017．

［32］陈秉安．大逃港［M］．广州：广东人民出版社，2018．

［33］东莞市厚街镇人民政府．厚街村情［M］．北京：光明日报出版社，2019．

［34］张思平．深圳奇迹：深圳与中国改革开放四十年［M］．北京：中信出版社，2019．

［35］深圳市史志办公室．深圳改革开放实录（第三辑）［M］．深圳：深圳报业集团出版社，2019．

［36］赵江．莫淦钦［M］．广州：广东人民出版社，2019．

［37］东莞展览馆．见证：那些年我们一起用过的票证（东莞展览馆馆藏票证）［M］．广州：岭南美术出版社，2019．

［38］东莞市政协．方苞［M］．广州：广东人民出版社，2020．

［39］中共中央办公厅调研组．东莞十年：对我国沿海农村社会主义建设一个成功案例的考察［R］．

［40］中共东莞市委党史研究室．中国共产党东莞历史大事记（1921—2021）［M］．广州：暨南大学出版社，2021．

［41］中共中央办公厅调研室赴东莞调研组．东莞之路：我国沿海农村通过工业化走向现代化的一条现实道路［N］．人民日报，2008-11-13（A08）．

［42］20年留给时代的记忆 大型亲历历史人物［J］．东莞日报，2007-12-25（A05）．

［43］广东东莞30年巨变：从乡村到城市［J］．三联生活周刊，2014-2-20（508）．

［44］中共东莞市委党史研究室．不懈探索 成就辉煌：东莞市改革开放历程概述［N］．东莞日报，2018-12-26（A04）．

［45］中共东莞市委党史研究室．敢为人先 走在前列：太平手袋厂成立的政策背景、经过及影响［N］．东莞日报，2021-12-6（A08）．

附录

永恒的印记

在厚街嘉华大酒店大堂并不显眼的一角,有一处名为"永恒的印记"的特别景观,质朴的根雕上装饰着一把极为普通的锄头。这把锄头是林干能四十年前创业初期曾用过的锄头,承载着他早年的汗水和希望。

对于林干能而言,这把普通的锄头不仅承载着他过去的奋斗和汗水,也深含着他对传递耕耘精神的殷切希望。

四十多年前,改革开放如春风化雨,改变了中国,影响了世界,新的时代给农民创造了前所未有的发展契机,在"勤劳致富"精神的鼓舞下,他们创造了今天的幸福和谐的家园。20世纪70年代创业初期,林干能就是用这把锄头,经过一段锄田开荒的艰苦磨炼,一点一滴地积累,才有今天丰硕的收获。这不仅是林干能创业的印记,也是中国改革开放时期留下来的永恒印记。

一分耕耘,一分收获,无论成功与否,都是积累的过程。常言道"梅花香自苦寒来",没有辛勤的付出,便不会有丰硕的回报。林干能想要用

▲ "永恒的印记"根雕

这把锄头告诉大家：与其临渊羡鱼，不如退而结网。我们只有将思考化为行动，才能使自己的生命不负大好时光。《庄子·逍遥游》言："水之积也不厚，则其负大舟也无力。""风之积也不厚，则其负大翼也无力。""厚积"才能"薄发"，没有平日辛勤的劳动，没有充分的准备与积累，怎么能奢望取得成功？人生也是如此，没有好的人生规划，纵然机会来到眼前，也恐失之交臂。

嘉华酒店集团发展到今天，虽然取得了一些成绩，但林干能深知文化自信才是强店之基，从长远发展来说更需要发扬耕耘精神，并把"耕耘精神"作为嘉华企业文化的核心内涵。一个国家、一个企业、一个家庭也是这样，只有把文化精神传承下去，才能使其生生不息，源远流长。习近平总书记曾指出："在5000多年文明发展中孕育的中华优秀传统文化及在党和人民伟大斗争中孕育的革命文化和社会主义先进文化，积淀着中华民族最深层的精神追求，代表着中华民族独特的精神标识，这就是国家富强的核心价值观。"土生土长的林干能热爱中华传统文化，注重文化建设，积极推动嘉华企业文化软实力提升。每一次文化的觉醒和繁荣总是引领企业向更高水平发展，嘉华企业文化力求再上一个新的台阶，一代一代地传承下去。

后记

在撰写本书前,笔者曾对东莞改革开放历程有过较长时间的观察。一个曾经十分典型的广东沿海农业县,如何在仅仅四十余年的时间里发展成为受世界瞩目的制造业城市?时任广东省委书记张德江曾评价东莞"是中国改革开放一个精彩而生动的缩影"。东莞的改革开放又具备怎样的典型性和代表性呢?笔者在尝试对东莞改革开放历程做系统梳理时发现,东莞改革开放存在国家政策引导、基层人民自发推动同步进行的现象,甚至有时候人民自发推动还要早于国家指引。1978年7月,虎门开办了内地第一家"三来一补"企业——太平手袋厂,标志着中国走上了一条利用外资、发展外向型经济的道路,该厂创办时距离十一届三中全会召开还有三个月时间。而就在十一届三中全会召开期间的1978年12月21日,东莞设立了全国第一个对外加工装配办公室,实行"一个窗口对外",首创"办事一条龙"管理服务机制。东莞市政协曾编纂出版《改革开放东莞百个率先》,书中归纳和罗列了东莞改革开放以来的"百个率先"行为。纵览这些先行之举,大多因民间已有自发行动,而后经研究考察发现切实可行,从而被地方政府推广形成指导性举措。

由此可见,人民群众是历史的真正推动者。

封建社会时期我国历代史家囿于所受教育以及惯性思维,习惯于将研究目光聚焦于帝王将相和名门望族,由此给后人造成历史仅仅由王侯贵族推动的错觉,从而忽略了在数量上占绝对优势却在历史中失语的普通民众

后 记

的身影。而今世易时移，中国历史进入一个由人民群众发声和推动的新时期，研究人民现象、关注民众身影成为新时期历史研究者的一个重要方向，这便是本书撰写和成稿的一个基本出发点。

林干能曾是东莞市厚街镇双岗村的一个普通农民，改革开放后随着广东沿海地区的飞速发展而成为当地知名农民企业家，即便如今已创办拥有多个产业板块的华源企业集团，他依然未褪农民勤奋的本色。通过林干能本人的回忆讲述，并采访与其创业历程相关的人员，我们可以看到共和国第一代沿海地区普通农民的成长，以及他们追随国家发展的脚步，紧跟改革开放大潮顺势而为、白手起家的人生创业历程。体现在林干能身上那种谋事不说大话但绝不轻易认输，成事顺势而为并稳扎稳打，为人处世低调谨慎、精打细算又不失豪爽的精神气质，正是这一代东莞甚至广东沿海地区农民企业家的普遍特性。

在撰写本书的过程中，笔者参考了众多社会各界人士对广东尤其对东莞改革开放历程的研究和论述，他们有些亲历并推动了这段历史的发展，有些对这段历史进行了极为系统的研究和梳理。由于时间仓促，未能一一注明，仅在参考文献中列举，在此对他们一并致谢！本书的顺利出版得到了李炳球主任的悉心指导，陈仲球先生、方锦龄先生的帮助与支持，华南理工大学出版社卢家明社长、柯宁副社长、庄严主任、李秋云编辑的大力支持，以及华工孙海平教授的热情帮助！感谢为此书提供图片及资料的相关部门和人士，在此表示诚挚的谢意！

因本人学识浅薄、水平有限，书中言及历史与人物难免有疏漏或错误之处，恳请广大读者批评指正！

王晓强
2022年2月12日